IRENE DÖRIGS «SCHWIIZER CHUCHI»

Irene Dörigs «Schwiizer Chuchi»

Die Rezepte der bekannten Fernsehköchin

WERDVERLAG

Alle Rechte vorbehalten, einschliesslich
derjenigen des auszugsweisen Abdrucks
und der photomechanischen Wiedergabe

© 1989 Werd Verlag, Zürich

Dieses Buch entstand auf Grund
der Fernseh-Serie «Schwiizer Chuchi»
Produzent: Fernsehen DRS/Programmplanung
Redaktion: Pia Schellenberg

Fotos: A. Schuppisser, Fotostudio Tages-Anzeiger, Zürich
H. Volkart, Agrosuisse, Zürich

Lektorat: Christina Sieg, Berikon
Gestaltung: Albin Koller, Berikon
Technische Herstellung:
Druckzentrum Tages-Anzeiger, Zürich
Printed in Switzerland

ISBN 3 85932 030 0

Inhalt

Vorwort
Verena Thurner-Mackert

Schwiizer Chuchi: Man nehme unsere Regionen 9

Vorspeisen/Salate

Siedfleischsalat mit Urner Bergchäs und Gemüse (UR) *16*
Pilzkrapfen (UR) *20*
Sbrinz-Rollen mit Senfrahm (SZ) *22*
Bachkresseschaum mit Senfsabayon (LU) *38*
Zuger Röteli mit Kräutern auf Salat (ZG) *40*
Bündner Gerstensalat (GR) *46*
Thurgauer Fleisch-Terrine (TG) *64*
Gefüllte Riesenzwiebeln (SH) *68*
Karotten-Mousse mit Kaninchenfilets (AG) *80*
Kaninchenleber mit Frühlingszwiebeln (AG) *82*
Berner Seelandgemüse-Terrine mit Buurehamme (BE) *96*
Tête-de-moine-Rosen mit Schinkenmousse (JU) *104*
Panierter Tomme an Gemüsevinaigrette (VD) *114*
Zanderflan an Traubensauce (GE) *120*
Walliser Spargeln im Blätterteig (VS) *126*

Suppen

Kümmelsuppe mit gerösteten Brotwürfelchen (AR/AI) *56*
Fleischsuppe (AR/AI) *56*
Milchsuppe mit Kräutern und Züriseeschiffli (ZH) *74*
Basler Mehlsuppe mit Käsekugeln (BS) *84*
Sauerkraut-Cremesuppe mit Blutwurst (BE) *94*
Weissweinsuppe mit Käsestengelchen (NE) *108*

Hauptgerichte — Fleisch

Bauerngulasch (UR) *18*
Hirschentrecôte an Apfelsauce (SZ) *24*
Hackbraten mit Rotweinzwetschgen (OW) *28*
Kalbsblanquette an Gemüsesauce (LU) *35*
Gefüllte Wirzköpfli (ZG) *44*

Rehbäggli an Waldbeerensauce (GR)   *48*
Ostergitzi mit Frühlingskräutern (GL)   *51*
Schweinskoteletts an Schabzigersauce (GL)   *52*
Gefülltes Schweinsfilet (AR/AI)   *58*
St. Galler Brätstrudel (SG)   *62*
Zürcher Kalbfleischtäschchen (ZH)   *76*
Schweinsfiletmedaillons an Biersauce mit Kümmel (AG)   *79*
Grossmutters Sauerbraten (BL)   *87*
Pouletbrüstchen auf Bärlauchsauce (SO)   *90*
Rippli-Steaks an Orangen-Honigsauce (BE)   *98*
Kalbsfilet an Fonduesauce mit Gemüsen (FR)   *100*
Kutteln mit Vinaigrette (NE)   *112*
Saucisson im Teig mit Marc-Sabayon (VD)   *116*

Hauptgerichte — Fisch

Süsswasserfische Luzerner Art (LU)   *36*
Eglifilets mit Kräutermayonnaise (TG)   *66*
Lachsforellenfilet mit Zander- oder Hechtmousse (SH)   *72*
Salmfilets auf grüner Spargelsauce (BS)   *86*

Hauptgerichte — Übrige

Pilzkrapfen (UR)   *20*
Kartoffel-Gemüse-Chüechli (OW)   *26*
Pikante Makkaroni-Torte (NW)   *30*
Bündner Chruutchräpfli (GR)   *50*
Appenzeller Rahmfladen (AR/AI)   *57*
Kräuterklösse (SG)   *60*
Gemüsegratin (NE)   *110*
Walliser Spargeln im Blätterteig (VS)   *126*
Brotkuchen mit Tomaten (TI)   *130*
Pilzragout mit Polenta (TI)   *132*
Kürbiswähe (TI)   *134*

Desserts/Gebäck

Preiselbeer-Torte (SZ) *21*

Dörrfrüchte-Weggen mit Vanillesauce (NW) *32*

Mokka-Cake (ZG) *42*

Eierwilliams mit Schoggiglace und Kompottbirne (GL) *54*

Erdbeermousse auf Joghurtcreme (TG) *67*

«Schlaathemer Schiterbyg» auf Apfelsauce (SH) *70*

Zürcher Öpfelstückli (ZH) *78*

Basler Chriesi im Rotwein und Läckerli-Glace (BL) *88*

Rahmbirnen (SO) *92*

Fotzelschnitten mit Karameläpfeln (BE) *99*

Heidelbeer-Dessert (FR) *102*

Ruths Apfeltorte (JU) *106*

Griessköpfli mit Himbeersauce (NE) *113*

Waadtländer Weinkuchen (VD) *119*

Genfer Weinsuppe mit Beeren und Schwänli (GE) *122*

Rahm-Schwänli (GE) *124*

Aprikosen-Charlotte (VS) *128*

Kastanien-Cake (TI) *135*

Schwiizer Chuchi: Man nehme unsere Regionen

Die Schweiz: ein Glücksfall! Ein Glücksfall auch bei Tisch. Dass die Milch nicht pasteurisiert und tetraverpackt auf die Welt kommt, weiss trotz Verstädterung und Zersiedelung noch jedes Schweizer Kind sehr genau. Wie Hühner scharren, Hähne krähen, Geissen klettern, Schafe weiden, wissen die meisten Schweizer aus eigener Anschauung.

Die Schweiz: ein Glücksfall? Die Idylle ist längst keine totale mehr. Die Schweizer Milch schmeckt nicht selten langweilig und stumpf. Rahm und Käse haben oft ihren typischen Geschmack verloren. Auch Schweizer Obst wird grün vom Baum gepflückt, und der Salat knackt vor lauter Chemie oft nicht mehr.

Die Basis war die Bauernküche

Die Schweizer Küchenwelt ist trotz allem noch einigermassen in Ordnung. Wer die Erde zehnmal umrundet, wer an den Tischen vieler Länder gegessen hat, der wird bestätigen, dass der Standard der Schweizer Produkte, der Schweizer Küche und der Schweizer Restaurants keinen Vergleich zu fürchten braucht.

Viele Schweizer Gerichte finden ihre Wurzeln eben nicht im Wohlstand einer herrschenden Adelsschicht, sondern sehr republikanisch in den Traditionen eines oft mausarmen Bauernstandes und einer oft sehr beengten Industriearbeiterschaft.

Einfache Zutaten in unzähligen Rezepten

Die traditionsreiche Schweizer Küche war bescheiden und kräftig wie die Landschaft, in der sie gewachsen ist. Trotzdem überlieferte sie uns eine enorme Fülle an phantasievollen Gerichten. So bescheiden die Zutaten dazumal, so reich die Umsetzung. Was der Boden hervorbrachte, fand Eingang in den Speisezettel. Da gab es kein Flirten mit Erdbeeren zu Weihnachten und mit Spargeln zu Ostern.

**Gerstensalat,
Rüeblimousse,
Bratwurst im Teig**

*Gemeinsam Kochen
und Essen in Irene Dörigs
Kochschule auf dem Friedlisberg, AG
(Foto Ruedi Staub)*

SCHWIIZER CHUCHI

Auch wenn Schweizer Köche heute zur Weltspitze gehören, sind auch Leute wie Girardet oder Stucki noch nicht ganz von dieser Basis entfernt. Man merkt ihrer Küche noch an, dass die Schweiz bis tief in unser Jahrhundert hinein ein intaktes Agrarland gewesen ist.

Fondue und Rösti, diese Grundsäulen der Schweizer Küche: sie waren jahrhundertelang nichts anderes als sparsame Restenverwertung. Und die hundert Facetten der schweizerischen Regionalküche leben selbst in der Epoche von Kantinen- und Tea-Room-Essen weiter, das im Wort «Schniposa» (Schnitzel, Pommes frites, Salat) seine engste Kondensierung erfahren hat.

Regionale Spezialitäten sind auch die Basis der «Schwiizer Chuchi», die Irene Dörig in diesem Buch zu einer eindrücklichen Parade schweizerischer Vielfalt versammelt hat.

Kochbücher über traditionelle Schweizer Gerichte gibt es viele. Irene Dörig wollte nicht kopieren. So hat denn die quirlige Fernsehköchin die Schweizer Küche neu entdeckt. Alle Rezepte in diesem Buch sind Neu-Kreationen. Irene Dörig hat die landschaftlichen Aspekte miteinbezogen, die für die Gegend jeweils typischen Zutaten genommen und daraus eine neue Spezialität entwickelt.

So finden wir zum Beispiel unter dem Kanton Graubünden anstelle der traditionellen Gerstensuppe einen Bündner Gerstensalat. Oder die Rüeblitorte der Aargauer wird zur Rüeblimousse. Und die St. Galler Bratwurst wird, mit Trockenfleisch und Lauch umwickelt, in einen Teig gehüllt.

Fernsehküche, Erfolgsküche

Die Rezepte sind unserer heutigen Zeit angepasst, sind nicht so schwer und «mastig» wie zu Grossmutters Zeiten.

Das Fernsehen ist ein schnelles Medium. Irene Dörig hat auch darauf Rücksicht genommen — Rücksicht nehmen müssen. Denn die knappe Viertelstunde Sendezeit, die ihr zum Kochen vor der Kamera zur Verfügung stand, verlangte auch dann noch sekundengenaue Planung. Die meisten Gerichte dieses Buches sind daher schnell in der Zubereitung, ohne viel Umstände und Aufwand. Die Zutaten sind überall erhältlich; es müssen keine teuren Delikatessengeschäfte ausfindig gemacht werden.

Irene Dörigs Fernsehrezepte sind ungemein beliebt. Nach der ersten Sendung, die mit einem gefüllten Schweinsfilet ihrem Heimatkanton Appenzell gewidmet war, konnten sich die Metzger kaum vor dem Ansturm von begeisterten Köchinnen und Köchen retten. Alle Schweinsfilets waren in kürzester Zeit ausverkauft. Und einige Metzgereien verkaufen heute das gefüllte Appenzeller Schweinsfilet fix und fertig nach Irene Dörigs Rezept.

Das Flüchtige des Fernsehens ist nun festgehalten in diesem Buch. Ergänzt durch rund 50 weitere, ebenso originelle, phantasievolle Rezepte aus Irene Dörigs Küche.

Rückkehr zu den Regionen

«Regionalisierung» ist ein Trend der achtziger und neunziger Jahre. Zeitschriften pflegen die Regionalküche, Restaurants schliessen sich zur Pflege der Regionalküche zusammen, und selbst beim exklusiven Gault-Millau wird die «Cuisine du terroir», die Küche der Region, lobend hervorgehoben.

Der eine Trend der Zeit geht zum auswechselbaren, verwechselbaren Weltdorf, der andere zur kleinen, übersichtlichen Einheit. Zumindest beim Kochen ist dieser zweite Trend sympathischer, menschlicher, appetitlicher.

Verena Thurner-Mackert,
Journalistin mit Spezialgebiet Kochen

Zentralschweiz

Uri
Siedfleischsalat mit Urner Bergchäs und Gemüse *16*
Bauerngulasch *18*
Pilzkrapfen *20*

Schwyz
Preiselbeer-Torte *21*
Sbrinz-Rollen mit Senfrahm *22*
Hirschentrecôte an Apfelsauce *24*

Obwalden
Kartoffel-Gemüse-Chüechli *26*
Hackbraten mit Rotweinzwetschgen *28*

Nidwalden
Pikante Makkaroni-Torte *30*
Dörrfrüchte-Weggen mit Vanillesauce *32*

Luzern
Kalbsblanquette an Gemüsesauce *35*
Süsswasserfische Luzerner Art *36*
Bachkresseschaum mit Senfsabayon *38*

Zug
Zuger Röteli mit Kräutern auf Salat *40*
Mokka-Cake *42*
Gefüllte Wirzköpfli *44*

Siedfleischsalat mit Urner Bergchäs und Gemüse

Für 4 Personen

300 g gekochtes Siedfleisch
150—200 g Urner Bergkäse
2—3 Karotten
80—100 g Sellerie
2 Kartoffeln
evtl. 1 Zucchetti

Sauce

5 Esslöffel Fleischsuppe vom Siedfleisch
4 Esslöffel Öl
Essig
1 Teelöffel Senf
1 feingehackte Zwiebel
Salz, Pfeffer aus der Mühle
1 Spur Cayennepfeffer

Garnitur
Kopfsalatblätter
Radieschen
Zwiebelkraut-Ringe

Zubereitung

- Siedfleisch und Käse in feine Stengelchen oder kleine Würfel schneiden.
- Karotten, Sellerie, Kartoffeln und evtl. Zucchetti ebenfalls in feine Stengel oder Würfel schneiden.
- Das Gemüse knackig und die Kartoffeln weich kochen (evtl. auf dem Dampf, im Mikrowellengerät oder mit etwas Fleischbouillon).
- Für die Sauce die Fleischsuppe mit den restlichen Zutaten verrühren und mit Salz, Pfeffer und etwas Cayennepfeffer würzen.
- Fleisch-, Käse-, Gemüse- und Kartoffelstengel sorgfältig mit der Sauce mischen und abschmecken.

Anrichten

- Die Salatblätter auf flachen Tellern ausbreiten und den gemischten Salat darauf anrichten.
- Mit Radieschen und Zwiebelkraut-Ringen garnieren.

Bauerngulasch

Für 4 Personen

500 g Lammfleisch
Salz, Pfeffer aus der Mühle
1 Esslöffel Mehl
2 Esslöffel Öl oder Fett
1 Esslöffel Tomatenpüree
1 dl Rotwein
2 Zwiebeln
1 Knoblauchzehe
2–3 Karotten
¼ Sellerieknolle
1 Stück Lauch
8 Wirzblätter
je 1 Rosmarin- und
1 Thymianzweig
2 Lorbeerblätter
5 dl Fleischbouillon

Zubereitung

- Das Fleisch in 4 cm grosse Würfel schneiden, würzen und mit Mehl bestäuben.
- Im heissen Öl rundherum anbraten, das Tomatenpüree zufügen und kurz mitdämpfen.
- Mit Rotwein ablöschen.
- Inzwischen das Gemüse schälen, putzen, in Würfel oder Streifen schneiden und lagenweise mit dem angebratenen Fleisch und den Gewürzen in einen Brattopf schichten.
- Die Bouillon in der Bratpfanne aufkochen und über das Fleisch und Gemüse verteilen.
- Den Brattopf zudecken und das Gulasch bei schwacher Hitze auf dem Herd oder im Backofen während 60–80 Minuten langsam ziehen lassen.

Variante

- Nach Belieben können nach der halben Garzeit geschälte Kartoffeln mitgekocht werden.

Pilzkrapfen

Für 4—6 Personen

400 g frische Waldpilze, wie
Pfifferlinge, Steinpilze,
Wiesenchampignons usw.
2 feingehackte Schalotten
evtl. wenig Knoblauch
50 g Butter
einige Tropfen Weisswein
1 dl Rahm
Salz, Pfeffer aus der Mühle
1 Spur Cayennepfeffer
Zitronensaft
1 Bund feingehackte Petersilie
1 Bund Schnittlauch, feingeschnitten

300 g Blätterteig
1 verklopftes Ei

Vorbereiten

- Die Pilze mit einem feuchten Tuch abreiben und die unschönen Stellen wegschneiden. In Streifen oder Würfel schneiden.
- Die geschnittenen Pilze zusammen mit den gehackten Schalotten und evtl. Knoblauch in Butter anziehen, einige Tropfen Weisswein darüberträufeln.
- Den Rahm zufügen, das Pilzragout mit Salz, Pfeffer, Cayennepfeffer und Zitronensaft leicht würzen und kurz aufkochen.
- Ein Sieb auf eine Saucenpfanne stellen, das Pilzragout hineingiessen und die Sauce in der Pfanne auffangen.
- Die Sauce dickflüssig einkochen, vom Herd ziehen, die Kräuter und die Pilze zufügen und erkalten lassen.
- Den Blätterteig dünn auswallen und Rondellen von 15 cm Durchmesser oder Rechtecke ausstechen.
- Je 1 Esslöffel Pilzfüllung auf die Teigplätzchen verteilen.
- Den Teigrand mit verklopftem Ei bestreichen, die Plätzchen zu Halbmonden zusammenfalten und den Teigrand gut andrücken.
- Die Oberfläche mit Ei bestreichen.

Fertigstellen

- Die Pilzkrapfen im vorgeheizten Backofen bei 200 °C während ca. 20 Minuten backen.

Begleitung

- Salat

Preiselbeer-Torte

Für eine Springform von 24 cm Durchmesser

125 g Butter
120 g Zucker
4–5 Eigelb
125 g Buchweizen, grob gemahlen
100 g Weissmehl
100 g geriebene Nüsse
1/3 Beutel Backpulver
1/4 Teelöffel Zimtpulver
1/4 Beutel Vanillezucker
4–5 Eiweiss
30 g Zucker
Butter für die Springform

Füllung
200–250 g Preiselbeerkonfitüre

Beilage
2 dl Rahm, halb steif geschlagen

Vorbereiten

- Butter und Zucker zusammen gut schaumig rühren.
- Das Eigelb beigeben und kurz weiterrühren.
- Buchweizenmehl, Weissmehl, Nüsse, Backpulver, Zimtpulver und Vanillezucker mischen.
- Das Eiweiss steif schlagen, den Zucker beigeben und kurz weiterrühren.
- Alle Zutaten locker mischen und in die ausgebutterte Springform verteilen. Im vorgeheizten Backofen bei 180 °C während 30 Minuten backen.
- Die Torte aus der Form nehmen und erkalten lassen.

Fertigstellen

- Die Torte querdurch aufschneiden und mit der Preiselbeerkonfitüre füllen.
- Die Torte am gleichen Tag mit dem Rahm servieren.

Variante

- Die Torte kann selbstverständlich auch mit einer anderen Konfitüre gefüllt werden.

Sbrinz-Rollen mit Senfrahm

Für ca. 20 Sbrinz-Rollen

Senfrahm
1 dl Rahm
1 dl Sauerrahm
1 kleine Schalotte, feingehackt
2 Esslöffel Senf, evtl. Dijon oder Moutarde de Meaux
1 Blatt Gelatine
Schnittlauch oder andere Kräuter
Salz, Pfeffer aus der Mühle
1 Spur Cayennepfeffer

Garnitur
Salatblätter
Feigen
Trauben
Nüsse usw.

Vorbereiten

Senfrahm
- Den Rahm steif schlagen und kalt stellen.
- Den Sauerrahm mit der sehr fein gehackten Schalotte sowie dem Senf mischen.
- Das Gelatineblatt während ca. 5 Minuten in kaltes Wasser legen, leicht ausdrücken und mit 1 Esslöffel Wasser bei schwacher Hitze schmelzen.
- Die aufgelöste Gelatine unter den Senfrahm rühren.
- Den steifgeschlagenen Rahm und die Kräuter locker darunterziehen, leicht würzen.
- Nach Bedarf kurz kalt stellen.

Füllen der Käserollen

- Den Senfrahm mit dem Spritzsack in die Käserollen spritzen.
- Mit Schnittlauch bestreuen und auf einen Teller oder eine Platte legen.
- Beliebig garnieren und zum Apéro oder als Vorspeise servieren.

Variante

- Der Senfrahm kann auch nur mit Schlagrahm zubereitet werden. Dazu den steifgeschlagenen Rahm mit Senf mischen und würzen.
- Die Käserollen damit füllen und mit Schnittlauch bestreuen.

Hirschentrecôte an Apfelsauce

Für 4 Personen

1 Apfel
1 dl Apfelwein, naturtrüb
500–600 g Hirschentrecôte
Salz, Pfeffer aus der Mühle
1 Esslöffel Erdnussöl
1 Esslöffel Kochbutter
Calvados
1 dl Wildfond
½ dl Rahm

Garnitur

8 Apfelschnitze
1 Teelöffel Zucker
10 g Butter
evtl. verschiedenfarbige, gekochte Linsen

Zubereitung

- Den Apfel würfeln und die Würfel im Apfelwein weich kochen und fein mixen.
- Das Hirschentrecôte (es soll Zimmertemperatur haben) würzen und in der aufschäumenden Butter-Öl-Mischung allseitig anbraten. Die Bratbutter dabei immer wieder über das Fleischstück giessen.
- Das Entrecôte auf eine Platte legen und im vorgeheizten Backofen bei 200 °C noch etwa 5 Minuten rosé braten.
- Den Bratensatz mit einem Küchenpapier entfetten, dann mit Calvados ablöschen.
- Wildfond, Rahm und Apfelsauce beifügen und die Sauce durch ein Sieb in eine kleine Pfanne giessen.
- Nach Belieben leicht einkochen, würzen und abschmecken.
- Das Fleisch aus dem Ofen nehmen und zugedeckt mindestens 5 Minuten an der Wärme ruhen lassen.

Garnitur

- Die Apfelschnitze mit wenig Zucker in Butter anbraten.

Anrichten

- Das rosa gebratene Hirschentrecôte tranchieren und auf der Apfelsauce anrichten. Mit den Apfelschnitzen garnieren.
- Nach Belieben verschiedenfarbige, gekochte Linsen rundherum streuen.

Kartoffel-Gemüse-Chüechli

Für 4 Personen

600–800 g Kartoffeln
1–2 Zwiebeln
1 Knoblauchzehe
20 g Butter
200 g Lauch
100 g Spinat, blanchiert
1–2 Karotten, ca. 200 g
1–2 Landjäger oder
100 g Schinken
1 Bund Petersilie, feingehackt
wenig Majoran
Salz, Pfeffer aus der Mühle
1 Ei
3–4 Esslöffel Paniermehl
3–4 Esslöffel geschälte Sonnenblumenkerne
Butter zum Braten
100 g Käse, in Scheiben geschnitten

Vorbereiten

- Die Kartoffeln in der Schale weich kochen und leicht auskühlen lassen. Danach schälen und durchs Passevite treiben.
- Die Zwiebeln fein hacken und die Knoblauchzehe pressen. Beides zusammen in Butter glasig dämpfen.
- Inzwischen den Lauch putzen, fein schneiden und zu den Zwiebeln geben. Gut dämpfen, danach den Spinat beigeben.
- Die Karotten schälen und mit der Bircherraffel fein reiben.
- Den Landjäger oder Schinken fein hacken.
- Die durchgedrückten Kartoffeln, das angedämpfte Gemüse, die Karotten, Petersilie, Majoran, den gehackten Landjäger oder Schinken, Salz, Pfeffer und Ei gut mischen.
- Die Masse abschmecken und nach Bedarf mit etwas Mehl oder Paniermehl binden.
- Aus der Masse 16 Chüechli formen.
- Paniermehl und Sonnenblumenkerne mischen und die Chüechli damit auf beiden Seiten bestreuen und andrücken.

Fertigstellen

- Die Chüechli auf beiden Seiten in Butter hellbraun anbraten und in eine Gratinplatte schichten.
- Auf jedes Chüechli eine Käsescheibe legen.
- Die Chüechli unter dem Salamander oder bei starker Grillhitze so lange im Ofen backen (ca. 5 Minuten), bis der Käse geschmolzen ist.

Begleitung

- Die Kartoffel-Gemüse-Chüechli mit einer Tomaten- oder Gemüsesauce oder mit einem Salat servieren.

OBWALDEN

Hackbraten mit Rotweinzwetschgen

Für 4–6 Personen

Rotweinzwetschgen
12 gedörrte Zwetschgen
oder Pflaumen (ohne Stein)
2½ dl Rotwein

Fleischmasse
150 g altes Weissbrot
1 feingehackte Zwiebel
20 g Butter
1 Bund feingehackte Petersilie
300 g gehacktes Rindfleisch
300 g gehacktes Kalbfleisch
100 g Kalbsbrät
1 Ei
Salz, Pfeffer aus der Mühle
Majoran und wenig
Thymian

1 Schweinsnetz, gewässert
1 Esslöffel eingesottene
Butter

Sauce
Zwetschgenmarinade
2 dl Bouillon
1 Teelöffel Maizena
40 g Butter

Vorbereiten
- Die Zwetschgen über Nacht im Rotwein einweichen.

Fleischmasse
- Das Brot evtl. ohne Rinde im Wasser einweichen, herausnehmen und gut ausdrücken.
- Die Zwiebeln in Butter glasig dämpfen, das ausgedrückte Brot beigeben und so lange mitdämpfen, bis die Flüssigkeit verdampft ist, dann die Petersilie beigeben. Erkalten lassen.
- Das Hackfleisch, Brät, Ei und die Brotmasse gut mischen und würzen.

Formen des Bratens
- Das Schweinsnetz 30 Minuten in lauwarmes Wasser legen, danach leicht andrücken und ausbreiten.
- Die Hälfte der Fleischmasse länglich auf das Netz legen, dann eine Reihe abgetropfter Zwetschgen daraufgeben.
- Mit der restlichen Fleischmasse zudecken und alles im Netz einpacken.

Fertigstellen
- Den vorbereiteten Hackbraten in eingesottener Butter rundherum anbraten, dann in den vorgeheizten Backofen schieben und bei 200 °C während 40–50 Minuten braten.
- Während des Bratens das Fleisch immer wieder übergiessen, zuerst mit der Zwetschgenmarinade, dann mit Bouillon.
- Den Hackbraten aus der Pfanne nehmen und zudecken.
- Die Sauce absieben und mit Küchenpapier entfetten. Mit Maizena auf dem Herd binden und zuletzt einige Butterflokken darunterschwingen.

Anrichten
- Den Hackbraten in Scheiben schneiden und in der Sauce anrichten.

Begleitung
- Kartoffelstock oder Spätzli
- Rotkraut oder anderes Saisongemüse

Pikante Makkaroni-Torte

Für eine Springform von 24 cm Durchmesser

300 g Makkaroni
Salzwasser
1 Zwiebel
100 g Lauch
30 g Butter
½ dl Bouillon
2 dl Sauerrahm
3 Eigelb
100 g Reibkäse
Salz, Pfeffer aus der Mühle
1 Spur Muskat
evtl. 100 g kleine Schinkenwürfel

Butter für die Form
Paniermehl zum Bestreuen
3 Eiweiss
1 Prise Salz
2 Esslöffel Reibkäse

Vorbereiten

- Die Makkaroni im kochenden Salzwasser al dente kochen, in ein Sieb schütten und kalt überbrausen, gut abtropfen.
- Die Zwiebel fein hacken und den Lauch feinblättrig schneiden.
- Die Butter aufschäumen, Zwiebeln und Lauch beigeben, andämpfen und die Bouillon beifügen.
- Die Pfanne zudecken und das Gemüse fast weich kochen, auskühlen lassen.
- Sauerrahm, Eigelb, Reibkäse und angedämpftes Gemüse mischen.
- Den Guss würzen und nach Belieben kleine Schinkenwürfel zufügen.
- Die Springform mit Butter ausstreichen und mit Paniermehl bestreuen.

Fertigstellen

- Die Makkaroni mit dem Guss mischen.
- Das Eiweiss mit dem Salz steif schlagen und locker unter die Makkaronimasse ziehen.
- Die Masse in die vorbereitete Springform verteilen und den Käse darüberstreuen.
- Die Makkaroni-Torte im vorgeheizten Backofen bei 200 °C 40 Minuten backen.

Anrichten

- Die Makkaroni-Torte sorgfältig aus der Form lösen und auf eine Platte geben.

Begleitung

- Eine Tomaten-, Pilz- oder Kräutersauce separat dazu servieren.
- Saisonsalat.

Dörrfrüchte-Weggen mit Vanillesauce

Für 3–4 Weggen

Füllung
800 g gedörrte Birnenschnitze
300 g gedörrte Zwetschgen, ohne Stein
3 dl Rotwein
50 g Rohzucker
8 getrocknete Feigen
60 g gedörrte Apfelringe
80 g gedörrte Aprikosen
1 Teelöffel Zimtpulver
1 Prise Nelkenpulver
4 Esslöffel Schnaps
50 g Baumnusskerne
evtl. 5 Esslöffel Pistazien

Teig
750 g Mehl
1 Teelöffel Salz
15 g Hefe
1 Teelöffel Zucker
80 g Butter
4½ dl Milch
1 Ei

Mehl zum Auswallen
1 Ei zum Bestreichen
etwas Butter für das Blech

(Fortsetzung Seite 34)

Vorbereiten

Füllung
- Die Birnenschnitze in eine Schüssel geben und mit Wasser gut bedeckt über Nacht einweichen.
- Die Zwetschgen im Rotwein mit dem Rohzucker einweichen.
- Die Feigen, Apfelringe und Aprikosen 2–3 Stunden in Wasser einweichen.
- Die eingeweichten Birnenschnitze 20 Minuten im Einweichwasser kochen, dann die Früchte herausnehmen.
- Die Zwetschgen im Rotwein aufkochen, herausnehmen und den Weinsud sirupartig einkochen.
- Die abgetropften Birnen und die Hälfte der Zwetschgen im Cutter fein pürieren.
- Den eingekochten Weinsud, Zimt, Nelkenpulver, Schnaps und grobgehackte Nüsse dazugeben. Die feuchte Füllung abschmecken.

Hefeteig
- Das Mehl in eine Schüssel sieben, das Salz darüberstreuen und mischen.
- Die in einer kleinen Tasse zerbröckelte Hefe mit Zucker bestreuen, etwas ruhen lassen und mischen, bis die Hefe flüssig ist.
- Die Butter schmelzen, die Milch und das Ei zufügen und zusammen verklopfen.
- Flüssige Hefe und Milchmischung in das Mehl giessen und so lange kneten, bis der Teig fein ist.
- Den Hefeteig mit einem feuchten Küchentuch zudecken und während mindestens einer Stunde bei Raumtemperatur aufgehen lassen.

Fertigstellen

Teig
- Den Teig und die Füllung in drei Teile schneiden.
- Je ein Teigstück auf Mehl zu einem Rechteck auswallen.
- Die Hälfte einer Portion Füllung auf den Teig geben. Apfelringe, Aprikosen, Zwetschgen und Feigen der Länge nach darauflegen, dann die restliche Portion Füllung daraufgeben.
- Die beiden schmalen Teigenden auf die Füllung legen und den Birnenweggen aufrollen, dabei die Teigränder mit Eiweiss festkleben.
- Die Birnenweggen auf ein bebuttertes Blech setzen. Die Oberfläche mit Eigelb bestreichen und mit einer Gabel einstechen.

Dörrfrüchte-Weggen mit Vanillesauce

Vanillesauce
5 Eigelb
130 g Zucker
5 dl Milch
1 Vanillestengel
1½ dl Rahm, geschlagen

- Auf der untersten Rille in den vorgeheizten Backofen schieben und während 30 Minuten bei 200 °C goldbraun backen.

Vanillesauce
- Die Eigelb mit dem Zucker in eine Schüssel geben.
- Die Milch mit dem Vanillestengel aufkochen.
- Die kochendheisse Milch langsam zum Eigelb und Zucker rühren. Dann das Ganze in die Pfanne zurückgiessen.
- Die Creme auf dem Herd unter Rühren bis zum Siedepunkt bringen, danach passieren und kalt stellen.

Anrichten

- Die lauwarmen Birnenweggen in Scheiben schneiden und mit der Vanillesauce servieren.
- Aus dem restlichen Teig einen Zopf zubereiten.

NIDWALDEN

Kalbsblanquette an Gemüsesauce

Für 4 Personen

Sud
3 dl Genfer Weisswein
5 dl Fleisch- oder Kalbsbouillon
2 Zwiebeln
200 g Lauch, heller Teil
80 g Sellerie
200 g Karotten
1 Lorbeerblatt

800 g mageres Kalbsvoressen
2 Kalbsknochen
1 dl Doppelrahm
1 Esslöffel Cognac
1 Esslöffel Kapern

Zubereitung

- Den Wein mit der Bouillon aufkochen.
- Das Gemüse putzen, waschen und mit dem Lorbeerblatt in die Brühe geben.
- Den Sud würzen, die Fleischwürfel und Knochen beigeben.
- Zudecken und bei schwacher Hitze während etwa 80 Minuten leicht köcheln lassen.
- Die weichgekochten Fleischwürfel aus der Pfanne nehmen und die Knochen entfernen.
- Das Gemüse mit etwas Sud im Mixer fein pürieren und durch ein Sieb streichen.
- Die Gemüsesauce mit Doppelrahm und so viel Kochsud verdünnen, bis sie schön sämig ist.
- Cognac und Kapern beigeben und die Sauce abschmekken.
- Die Fleischwürfel in die fertig abgeschmeckte Sauce legen und nochmals aufkochen. Servieren.

Begleitung

- Reis, Spinatspätzli, Nudeln usw.

Süsswasserfische Luzerner Art

Für 4 Personen

Blätterteigfische
200 g Butterblätterteig, beste Qualität
Mehl zum Auswallen
1 verklopftes Ei

Fischragout
ca. 500–600 g Filets von Süsswasserfischen, wie Egli, Felchen, Zander, Lachsforellen usw.
Meersalz
2 dl trockener Weisswein
1 geschlossener Lauchstengel
20 g Butter
1 dl Doppelrahm
4 Champignons
Salz
Cayennepfeffer
Zitronensaft
4 Dillzweige

Zubereitung

Blätterteigfische
- Den Butterblätterteig auf bemehlter Fläche 3 mm dick auswallen.
- Mit einem scharfen Messer 4 Fische ausschneiden und diese auf ein leicht gebuttertes Backblech legen. Mit Teigstückchen beliebig garnieren und bis zum Backen kalt stellen.
- Den Backofen auf 200 °C vorheizen. Die Teigfische mit verklopftem Ei bestreichen und während ca. 20 Minuten goldgelb backen.

Fischragout
- Grosse Fischfilets in gleichmässige Stücke schneiden und alle Fische auf Gräten kontrollieren.
- Die Fischstücke in eine flache Platte legen und mit Meersalz leicht würzen.
- Den Wein darüber verteilen und ein gebuttertes Pergamentpapier darüberlegen.
- Im Backofen bei 180 °C einige Minuten ziehen lassen.
- Den Lauch in feine Scheiben schneiden und in aufschäumender Butter andämpfen.
- Den Wein vom Fisch dazugeben und alles leicht einkochen. Dann den Rahm und die in Scheiben geschnittenen Champignons zufügen.
- Die Sauce mit Salz, Cayennepfeffer und Zitronensaft würzen und abschmecken.

Anrichten

- Die Blätterteigfische aufschneiden. Je einen Teigboden auf einen grossen, heissen Teller legen.
- Den Lauch mit der Sauce daraufgeben und die Fischfiletstücke darauflegen.
- Den Teigdeckel aufsetzen, mit Dill garnieren und sofort servieren.

LUZERN

Bachkresseschaum mit Senfsabayon

Für 6 Personen

Bachkresseschaum
2 Blatt Gelatine
2 dl Rahm, steifgeschlagen
50 g feingehackte Bachkresseblätter
Salz
Pfeffer
Zitronensaft

Terrine oder 4—6 Souffléförmchen

Senfsabayon
2 Eigelb
1 dl Weisswein
2 Esslöffel Senf
Salz
Pfeffer
1 Prise Zucker
20 g Butter

Garnitur
Spargelspitzen
Eier, in Viertel geschnitten
Cherry-Tomaten
Kresse

Vorbereiten

Bachkresseschaum
- Die Gelatineblätter in kaltes Wasser legen und kurz einweichen, leicht ausdrücken und mit einem Esslöffel Wasser in eine kleine Pfanne geben.
- Bei schwacher Hitze langsam schmelzen, bis alles flüssig ist.
- Den steifgeschlagenen Rahm mit der flüssigen Gelatine mischen, den feingehackten Kresse darunterziehen und die Masse mit Salz, Pfeffer sowie einigen Tropfen Zitronensaft würzen und abschmecken.
- Den Kresseschaum in eine Terrine oder in kleine Souffléförmchen verteilen und kalt stellen.

Fertigstellen

Senfsabayon
- Das Eigelb mit Weisswein und Senf in eine Schüssel geben und auf dem Wasserbad zu einer luftigen, schaumigen Creme rühren. Geübte Köche können alle Zutaten in einer kleine Pfanne auf der Herdplatte luftig rühren.
- Das Sabayon würzen, die Butter dazurühren und abschmecken.

Anrichten

- Das Sabayon auf kalte Teller verteilen.
- Die Terrine oder Förmchen mit dem Kresseschaum kurz in heisses Wasser tauchen, dann stürzen und eine Scheibe oder ein Flan auf der Sauce anrichten.
- Beliebig mit Spargelspitzen, Eivierteln und Cherry-Tomaten garnieren. Sofort servieren.

Begleitung

- Brot

Zuger Röteli mit Kräutern auf Salat

Für 4 Personen

2—4 Zuger Röteli
4 Esslöffel frische Kräuter,
wie Petersilie, Schnittlauch,
Dill, Basilikum, Kerbel usw.
4 frisch gekochte, neue
Schalenkartoffeln
8 knackig gekochte Kefen
verschiedene Salatblätter
2 Champignons
2 Radieschen
Gurkenscheiben
Salz, Pfeffer aus der Mühle
Butter zum Braten
einige Tropfen Zitronensaft
20 g Butter
2 Esslöffel Weisswein

Salatsauce

3 Esslöffel Öl
2 Esslöffel Essig
2 Esslöffel Bouillon
evtl. 1—2 Esslöffel Zuger
Kirsch
Salz, Pfeffer aus der Mühle

Zubereitung

- Die Zuger Röteli filieren und mit einer Pinzette oder kleinen Zange alle Gräten herauszupfen.
- Die Kräuter sehr fein hacken.
- Die Kartoffeln und die Kefen kochen.
- Die Salatblätter putzen und mit den Champignons, Radieschen, Kefen und Gurken auf vier grosse, flache Teller gefällig anrichten.
- Die noch heissen Kartoffeln evtl. mit der Schale in gleichmässige Scheiben schneiden und ebenfalls dazulegen.
- Aus den Salatsaucenzutaten eine sämige Sauce rühren.
- Die Fischfilets leicht mit Salz und Pfeffer würzen und in der heissen Butter beidseitig kurz anbraten.
- Mit wenig Zitronensaft beträufeln und zum Salat legen.
- Die restlichen 20 g Butter in die Pfanne geben und alle Kräuter kurz darin andämpfen, dann den Wein beigeben.
- Die Kräuter über die Fischfilets verteilen und den Salat mit der Sauce beträufeln. Sofort servieren.

Mokka-Cake

Für eine Cake- oder lange Terrinenform von 500 g Inhalt

Sirup
1 dl Wasser
50 g Zucker
1 dl Kirsch

Creme
125 g Butter, zimmerwarm
125 g Puderzucker
3 Eigelb
1 – 1½ Esslöffel Nescafé-Pulver
4 Esslöffel starker Kaffee (Espresso)

1 Paket Löffelbiscuits oder 6–8 Makrönli

Pergamentpapier oder Alufolie

Zubereitung

Sirup
- Wasser und Zucker kochen, bis sich der Zucker aufgelöst hat, erkalten lassen.
- Den Zuckersirup mit dem Kirsch mischen.

Creme
- Die Butter gut schaumig rühren.
- Den Puderzucker beigeben und zuerst mit einer Holzkelle oder einem Gummischaber mischen, dann mit dem Mixer kurz weiterrühren.
- Das Eigelb dazurühren.
- Das Nescafé-Pulver im heissen Kaffee auflösen und erkalten lassen.
- Den Kaffee-Extrakt in die Buttercreme rühren und alles gut mischen.

Einfüllen
- Die Terrinenform mit einem Pergamentpapier oder mit Alufolie auskleiden.
- Die Löffelbiscuits im Zucker-Kirsch-Sirup tränken und den Boden der Form damit belegen.
- Ein Drittel der Mokka-Creme daraufgeben und glattstreichen.
- Wieder eine Lage getränkte Löffelbiscuits darauflegen und so fortfahren, bis die Form gefüllt ist.
- Den Mokka-Cake einige Stunden kalt stellen, danach stürzen und beliebig garnieren.

Variante
- Statt Kaffee, 100 g Schokolade schmelzen und mit der Creme mischen.

Anmerkung
- Der Mokka-Cake kann gut vorbereitet und evtl. sogar tiefgekühlt werden. Für überraschende Gäste hat man so jederzeit ein herrliches Kaffeedessert bereit.

Gefüllte Wirzköpfli

Für 4 Personen

1 Wirz
Salzwasser

Füllung
40 g Speckwürfelchen
250 g gehacktes Rindfleisch oder Dreierlei
1 feingehackte Zwiebel
1 gehackte Knoblauchzehe
Salz, Pfeffer aus der Mühle
1 dl Rotwein
1 — 2 Tassen Reis oder Risotto (Reste vom Vortag)
1 dl Bouillon
2 Esslöffel gehackte Petersilie
wenig Majoran
evtl. Kümmel
evtl. 2 Esslöffel geriebener Sbrinz
Cayennepfeffer

Sauce
1 dl Weisswein
2 dl Bratensauce

Vorbereiten

- Die Blätter vom Wirz lösen und die dicken Blattrippen flach abschneiden.
- Die Blätter in kochendem Salzwasser knapp weich kochen, dann kalt überbrausen und gut abtropfen.

Füllung
- Die Speckwürfel glasig braten.
- Das gehackte Fleisch sowie die Zwiebeln und den Knoblauch beigeben und ebenfalls anbraten. Mit Salz und Pfeffer würzen.
- Mit Rotwein ablöschen und den Reis sowie die Bouillon zufügen.
- Alles so lange kochen, bis keine Flüssigkeit mehr vorhanden ist.
- Zuletzt die Kräuter beifügen, die Füllung pikant würzen und abschmecken. Erkalten lassen.

Formen der Wirzköpfli
- In eine Suppenkelle 1 — 2 Wirzblätter legen, etwas von der Füllung daraufgeben und fest andrücken.
- Stürzen und in eine Gratinplatte legen.

Fertigstellen

- Für die Sauce den Wein einkochen, dann die Bratensauce zufügen.
- Die Sauce zwischen die Wirzköpfli in die Gratinform verteilen. Die Form zudecken und im vorgeheizten Backofen bei 200 °C 20 — 30 Minuten schmoren.

Ostschweiz

Graubünden
Bündner Gerstensalat *46*
Rehbäggli an Waldbeerensauce *48*
Bündner Chruutchräpfli (Ravioli) *50*

Glarus
Ostergitzi mit Frühlingskräutern *51*
Schweinskoteletts an Schabzigersauce *52*
Eierwilliams mit Schoggiglace und Kompottbirne *54*

Appenzell
Kümmelsuppe mit gerösteten Brotwürfelchen *56*
Appenzeller Rahmfladen *57*
Gefülltes Schweinsfilet *58*

St. Gallen
Kräuterklösse *60*
St. Galler Brätstrudel *62*

Thurgau
Thurgauer Fleisch-Terrine *64*
Eglifilets mit Kräutermayonnaise *66*
Erdbeermousse auf Joghurtcreme *67*

Schaffhausen
Gefüllte Riesenzwiebeln *68*
«Schlaathemer Schiterbyg» auf Apfelsauce *70*
Lachsforellenfilet mit Zander- oder Hechtmousse *72*

SCHWIIZER CHUCHI

Bündner Gerstensalat

Für 4 Personen

60–80 g Gerste
1 l leichte Bouillon
1–2 Karotten
50 g Lauch
verschiedene Blattsalate
frische, feingeschnittene
Kräuter, wie Kerbel, Schnittlauch, Petersilie, Basilikum

Sauce
1 Esslöffel Dijon-Senf
4 Esslöffel Bouillon
(Kochsud)
2 Esslöffel Öl
2–3 Esslöffel Essig
Salz, Pfeffer aus der Mühle

Garnitur
1 Bündner Salsiz oder 50 g
Bündnerfleisch

Vorbereiten

- Die Gerste evtl. über Nacht im kalten Wasser einweichen, dann in der leichten Bouillon während ca. 60–80 Minuten weich kochen.
- Die Gerste absieben (der Sud kann für eine Suppe weiterverwendet werden).
- Die Karotten schälen und den Lauch putzen. Beides in feine Würfelchen (Brunoise) oder Scheiben schneiden.
- Knackig kochen, gut abtropfen und zu der Gerste geben.
- Die verschiedenen Blattsalate putzen, waschen und gut trocken schleudern.

Salatsauce
- Aus Senf, Gerstenkochsud, Öl und Essig eine Sauce rühren und mit Salz und Pfeffer würzen.

Fertigstellen

- Die Salatblätter auf grosse Teller legen.
- Die Gerste und das Gemüse mit der Salatsauce und den Kräutern mischen und auf den Salatblättern anrichten.
- Jeden Salat mit einigen Scheiben Bündner Salsiz oder Bündnerfleisch dekorieren.

Varianten

- Den Gerstensalat mit feingeschnittenen Bündnerfleisch-Würfelchen vermengen.
- Frisch gebratene, heisse Pilzscheiben auf den Salat legen.

Rehbäggli an Waldbeerensauce

Für 4 Personen

Beize
4 dl Rotwein
1 Zwiebel
1 Karotte
4 Selleriewürfel
wenig Lauch
8 zerdrückte Wacholderbeeren
8 zerdrückte Pfefferkörner

Fleisch
1 Rehunterspälte oder
Rehnüssli, ca. 500 g
Salz, Pfeffer aus der Mühle
Mehl zum Bestäuben
Öl zum Anbraten
150 g Waldbeeren, wie
Heidelbeeren, Himbeeren,
Brombeeren
50 g Butter
ca. 1 Teelöffel Zucker
1 Prise Cayennepfeffer

Garnitur
1 Esslöffel Beeren

Vorbereiten

Beize
- Das Gemüse für die Beize klein schneiden, dann alle Zutaten mischen.
- Das Rehfleisch hineinlegen und zugedeckt während 2 Tagen im Kühlschrank marinieren. (Wichtig: Das Fleisch muss mit Flüssigkeit bedeckt sein!)

Fertigstellen

- Das Rehfleisch aus der Weinbeize nehmen und mit Küchenpapier gut abtrocknen.
- Die Beize mit dem Gemüse in einer weiten Pfanne auf 2 dl Flüssigkeit einkochen.
- Das Fleisch rundherum mit Salz und Pfeffer würzen und mit Mehl bestäuben.
- Im heissen Öl in einer feuerfesten Pfanne allseitig anbraten.
- Den Bratensatz mit einem Küchenpapier entfetten und mit der zuvor abgesiebten Beize ablöschen.
- Das Fleisch und die Beeren dazugeben und im vorgeheizten Backofen bei 200 °C 15–20 Minuten rosa braten.
- Das Fleisch aus der Pfanne nehmen und zugedeckt mindestens 5 Minuten an der Wärme ruhen lassen.
- Die Sauce fein mixen und durch ein Sieb streichen.
- Die Butter dazuschwingen und abschmecken.

Anrichten

- Das Fleisch tranchieren und mit der Sauce anrichten.
- Die restlichen Beeren darüberstreuen.
- Mit verschiedenen Gemüsen und Spätzli servieren.

GRAUBÜNDEN

Bündner Chruutchräpfli (Ravioli)

Für 4 Personen

Teig
300 g Mehl
30 g Öl
1 Ei
1 dl Wasser

Füllung
1 Esslöffel Butter
50 g gehackte Schalotte
1 gehackte Knoblauchzehe
200 g Spinat
100 g Bratenreste
40 g Speck
1 Landjäger
1 Ei
20 g Paniermehl
40 g Bratensauce
Salz, Pfeffer aus der Mühle

Zum Überschmelzen
40 g Sbrinz, evtl. Parmesan
50 g Butter

Vorbereiten

Teig
- Alle Zutaten mischen und kneten, bis der Teig fein und elastisch ist.
- Dann einpacken und etwa 2 Stunden kalt stellen.

Füllung
- Die Butter aufschäumen, die feingehackte Schalotte und den Knoblauch zufügen und glasig dämpfen.
- Den Spinat sehr gut ausdrücken, beigeben und kurz mitdämpfen.
- Den Spinat mit dem Braten, dem Speck und dem Landjäger durch den Fleischwolf (feinste Scheibe) treiben.
- Die Masse in eine Pfanne geben, Ei, Paniermehl und Bratensauce beifügen, mischen und bei schwacher Hitze verdampfen, bis die Füllung ganz dick ist.
- Die Masse mit Salz und Pfeffer würzen und erkalten lassen.

Formen der Chräpfli
- Die Hälfte des Teigs möglichst dünn (evtl. mit der Nudelmaschine) auswallen.
- Kleine Rondellen ausstechen und etwas Füllung darauflegen.
- Den Teigrand mit Wasser befeuchten und die Teigplätzchen zur Hälfte überschlagen. Die Kanten mit einer Gabel gut andrücken.

Fertigstellen
- Die Chruutchräpfli im Salzwasser einige Minuten kochen.
- Gut abtropfen, anrichten und mit dem Käse bestreuen.
- Die Butter hellbraun erhitzen und darüber verteilen.

Anmerkung
- Wahrscheinlich bleibt ein Teigrest übrig. Man kann ihn auswallen und daraus Nudeln formen oder ihn einpacken und tiefkühlen.

Ostergitzi mit Frühlingskräutern

Für 4 Personen

1 Gitzikeule
1 Gitzilaffe
evtl. 1 Kotelettstück
1 kleines Stück Lauch
1 kleines Stück Sellerie
1 Karotte
2 Zwiebeln
3 Knoblauchzehen
einige Bärlauchblätter
Salz, Pfeffer aus der Mühle
1 Esslöffel Olivenöl
1 Esslöffel Butter
1 Rosmarinzweig
1 Lorbeerblatt
2 dl Weisswein
1 dl Kalbs- oder Gitzifond oder Bouillon

Sauce
50 g Butter
frische Kräuter (Bärlauch, Rosmarin)

Vorbereiten

- Das Gitzifleisch in grosse Stücke schneiden.
- Das Gemüse in Würfel schneiden, den Knoblauch ganz lassen und die Kräuter hacken.
- Ein Backblech in den heissen Ofen schieben und kurz erhitzen.
- Die Fleischstücke würzen, auf das heisse Blech legen und sofort das rauchheisse Olivenöl mit der Butter darübergiessen.
- Die Gemüsewürfel mit dem Rosmarin und dem Lorbeerblatt zwischen das Fleisch legen, den Ofen schliessen und das Ganze bei 250 °C anbraten.
- Sobald die Fleischstücke goldbraun sind, wenden und etwas Wein darübergiessen.
- Das Fleisch weitere 5 Minuten braten, dann die Hitze auf 160 °C zurückstellen.
- Den restlichen Wein und den Kalbsfond über die Fleischstücke verteilen und unter öfterem Begiessen fertig braten. Totale Bratzeit: ca. 50 Minuten.

Fertigstellen

- Den Bratensatz absieben und mit Küchenpapier entfernen.
- Die Butter flockenweise in die Sauce schwingen, frische Kräuter beigeben und abschmecken.

Anrichten

- Das Gitzi mit der Sauce anrichten.

Begleitung

- Neue Kartoffeln und Frühlingsgemüse

Schweinskoteletts an Schabzigersauce

Für 4 Personen

4 Schweinskoteletts oder
8 Schweinsfiletmedaillons
Salz, Pfeffer aus der Mühle
Mehl zum Bestäuben
1–2 Esslöffel eingesottene
Butter

Sauce

1½ dl Rahm
60–100 g Glarner Schabziger
½ dl Weisswein
1 dl Kalbs- oder Schweinejus
evtl. Bouillon
20 g Gemüselauch, in sehr feine Streifen geschnitten

Zubereitung

- Die Koteletts würzen, mit Mehl bestäuben und in der aufschäumenden Butter goldbraun und saftig braten. Dabei hin und wieder mit der Bratbutter übergiessen.

Sauce

- Inzwischen den Rahm in einer kleinen Saucenpfanne leicht einkochen.
- Die Pfanne vom Herd nehmen und den Schabziger mit der Bircherraffel hineinreiben. Alles mischen und ziehen lassen.
- Die gebratenen Koteletts aus der Pfanne nehmen und in eine vorgewärmte Platte legen.
- Den Bratensatz mit einem Küchenpapier entfetten und mit Weisswein ablöschen.
- Den Kalbsjus sowie evtl. Bouillon zufügen, leicht einkochen und dann alles in den Zigerrahm sieben.
- Die Schabzigersauce unter Rühren vors Kochen bringen, die Lauchstreifen beigeben und abschmecken.

Anrichten

- Die Koteletts mit der Schabzigersauce anrichten und beliebig garnieren.

Begleitung

- Die Koteletts mit Nudeln, Spätzli oder Kartoffelstock und Apfelstückchen servieren.

Eierwilliams mit Schoggiglace und Kompottbirne

Für 4 Personen

Eierwilliams
(Für das Rezept werden 8 Esslöffel benötigt.)
3 Eigelb
150 g Puderzucker, evtl. Zucker
Samen von ½ Vanillestengel
1 dl Williams, Cognac oder Kirsch
2 dl Rahm

4 Kompottbirnen oder Äpfel
4–8 Kugeln Schokoladenglace

Garnitur
Schokoladenblätter oder Streusel
Puderzucker
evtl. Pfefferminzblätter

Vorbereiten

Eierwilliams
- Das Eigelb und den Puderzucker schaumig rühren.
- Die Vanillesamen dazugeben, nach und nach den Williams und den Rahm dazugiessen.
- Den Eierwilliams in eine saubere Flasche füllen. Kühl und dunkel während mindestens 2 Tagen ruhen lassen.
- Eierwilliams oder Eiercognac hält sich, im Kühlschrank gelagert, etwa 2–3 Wochen lang frisch. Vor dem Servieren stets gut schütteln.

Anrichten

- Die Birnen fächerartig aufschneiden und je eine Frucht über die Schokoladenglace legen.
- Eierwilliams rundherum verteilen und beliebig garnieren.

GLARUS

Kümmelsuppe mit gerösteten Brotwürfelchen

Für 4 Personen

1 feingehackte Zwiebel
1–2 Esslöffel Kümmel
30 g Butter
1 l hausgemachte Fleischsuppe

Garnitur

1 Esslöffel Schnittlauch, feingeschnitten
4 Esslöffel in Butter geröstete Brotwürfel

Zubereitung

- Die feingehackte Zwiebel und den Kümmel in Butter andämpfen.
- Mit der hausgemachten Fleischsuppe aufgiessen. Bei schwacher Hitze etwa 10 Minuten leicht kochen.

Garnitur
- Den Schnittlauch in die Suppe geben.
- Die Brotwürfel separat dazu servieren.

Fleischsuppe

Für 4 Personen

1–2 Zwiebeln
1 Lorbeerblatt
1–2 Nelken
2 l Wasser
6 Rindsknochen
1 Karotte
1 Stück Lauch
1 Stück Sellerie
wenig Wirz
250 g Siedfleisch
5 zerdrückte Pfefferkörner
Salz
evtl. wenig Liebig-Fleischextrakt

Zubereitung

- Die Zwiebeln mit der Schale halbieren und auf einer mit Alufolie belegten Herdplatte stark anrösten.
- Mit Lorbeerblatt und Nelken bestecken.
- Wasser, Rindsknochen und Gemüse kalt aufsetzen.
- Das Siedfleisch in die kochende Brühe legen, die Pfefferkörner beifügen.
- Mindestens 2 Stunden unter dem Siedepunkt ziehen lassen. Die Fleischbrühe salzen, absieben und erkalten lassen.
- Die Fettschicht abschöpfen.

Anmerkung

- Je mehr Fleisch mitgekocht wird, desto besser wird die Suppe.

APPENZELL

Appenzeller Rahmfladen

Für ein Kuchenblech von
24 – 26 cm Durchmesser

Teig
250 g Mehl
125 g Butter
1 Prise Salz (ca. 4 g)
½ dl Wasser
1 Ei
1 Esslöffel Essig

Guss
40 g Mehl
3½ dl Rahm,
evtl. leicht sauer
1½ dl Milch
2 Eier
1 Esslöffel Korianderkörner
½ Esslöffel Anissamen
Salz, Pfeffer aus der Mühle
1 Spur Muskat
evtl. 2 Esslöffel geriebener
Appenzellerkäse

Butter für das Blech

Vorbereiten

Teig
- Mehl, Butter und Salz fein reiben.
- Wasser, Ei und Essig verklopfen und dazugeben.
- Alles rasch zu einer glatten Teigkugel verarbeiten.
- Den Teig in Klarsichtfolie einpacken und eine Stunde im Kühlschrank ruhen lassen.

Guss
- Das Mehl mit dem Rahm glattrühren, die Milch und die Eier zufügen.
- Die Korianderkörner im Mörser oder mit einer Pfanne leicht zerdrücken.
- Den Guss mit den Korianderkörnern, Anissamen, Salz, Pfeffer, Muskat und evtl. Käse gut verklopfen und abschmecken. Etwa 30 Minuten ruhen lassen, damit sich die Gewürze voll entfalten können.

Fertigstellen

- Den Backofen auf 220 °C vorheizen.
- Den Teig 3 – 4 mm dick auswallen und in das bebutterte Backblech legen. Den Boden mit einer Gabel einstechen.
- Den Rahmguss auf den Teig verteilen und den Fladen im Ofen während 30 Minuten goldbraun backen.

Begleitung

- Blattsalat und Milchkaffee.

Variante

- Vollrahm kann auch mit etwas Sauerrahm oder Quark gemischt werden.

Gefülltes Schweinsfilet

Für 4 Personen

1 grosses Schweinsfilet,
ca. 450 g
Salz, Pfeffer aus der Mühle
Mehl zum Bestäuben
eingesottene Butter zum
Anbraten

Füllung

60—80 g Lauch-Julienne
(feine Streifen)
60—80 g Karotten-Julienne
(feine Streifen)
1—2 Bund Schnittlauch,
feingeschnitten
7—8 Scheiben Mostbröckli
50 g Appenzellerkäse

Sauce

1½ dl Weisswein
2½ dl Rahm
1 Prise Muskat
1 Prise Cayennepfeffer
etwas Trockenbouillon

8—10 Küchenhölzchen
Küchenschnur

Vorbereiten

- Das Schweinsfilet der Länge nach so einschneiden, dass es noch zusammenhält.
- Lauch und Karotten in feine Streifen (Julienne) schneiden und zusammen knapp weich kochen. Gut abtropfen lassen, dann leicht würzen und erkalten lassen.
- Das Filet aufklappen und den Schnittlauch darüberstreuen. Die Hälfte der kalten Julienne auf der Mitte des Fleisches verteilen.
- Die Mostbröckli-Tranchen nebeneinander auf das Gemüse legen. Den in 3—4 Stangen geschnittenen Appenzellerkäse in die Mostbröckli-Tranchen einwickeln und das restliche Gemüse darüber verteilen.
- Das Filet zuklappen, mit Küchenhölzchen befestigen und das Ganze mit der Schnur zubinden.
- Das Filet kann so einige Stunden vorher vorbereitet werden.

Fertigstellen

- Das gefüllte Filet mit Salz und Pfeffer würzen und mit Mehl bestäuben.
- In heisser eingesottener Butter rundherum anbraten, aus der Pfanne nehmen und in eine Gratinplatte oder in einen kleinen Bräter legen.
- Für die Sauce den Bratensatz mit einem Küchenpapier entfetten, mit Weisswein ablöschen und einkochen lassen. Den Rahm beigeben, aufkochen und würzen.
- Die heisse Sauce über das Filet giessen.
- Im vorgeheizten Backofen bei 180—200 °C während 15 Minuten garen. Das Filet danach aus der Sauce heben, zudecken und etwas an der Wärme ruhen lassen.
- Die Sauce durch ein Sieb passieren und abschmecken.

Anrichten

- Küchenhölzchen und Schnur vom Fleisch lösen, das Filet in Scheiben schneiden und mit der Sauce servieren.
- Mit Nudeln oder Reis begleiten.

Zürcher Öpfelstückli

Für 4 Personen

4–6 Äpfel
Saft von ½ Zitrone
3 dl Weisswein oder
Apfelsaft
50 g Zimtzucker
(nach Bedarf)
2–3 dl Vollrahm
2 Esslöffel Zimtzucker

4 feuerfeste Förmchen

Zubereitung

- Die Äpfel schälen, halbieren und das Kerngehäuse ausstechen.
- In gleichmässige Schnitze schneiden und diese mit Zitronensaft beträufeln.
- Den Weisswein oder Apfelsaft mit 50 g Zimtzucker aufkochen. Die Apfelschnitze im Sud lagenweise knapp weich kochen und in die Förmchen verteilen.
- Den flüssigen Rahm über die Äpfel giessen und mit dem restlichen Zimtzucker bestreuen.
- Bei starker Oberhitze oder unter dem Salamander kurz überbacken. Sofort servieren.

Variante

- Den Kochsud stark einkochen, erkalten lassen und mit dem Rahm mischen.
- Die Creme über die Apfelschnitze verteilen und überbacken.

Schweinsfiletmedaillons an Biersauce mit Kümmel

Für 4 Personen

1 mittelgrosser Wirz
2 dl Rahm
Salz
Pfeffer
Muskat

8 Schweinsfiletmedaillons
Salz, Pfeffer aus der Mühle
Mehl
eingesottene Butter zum Braten

Sauce
10 g Butter
1 Schalotte, feingehackt
1 Knoblauchzehe, feingehackt
$\frac{1}{2}$ Teelöffel Kümmel
einige Tropfen Öl
$\frac{1}{2}$ dl dunkles Bier
1 dl Bouillon
ca. 50 g Butterflocken

Zubereitung

Wirz
- Den Wirz putzen, vier schöne Blätter im Salzwasser knackig kochen und kalt abschrecken. Gut abtropfen.
- Bei den restlichen Wirzblättern den dicken Strunk herausschneiden und die Blätter in $\frac{1}{2}$ cm breite Streifen schneiden. Im Salzwasser blanchieren, kalt abschrecken und gut abtropfen.
- Den Rahm sämig kochen, mit Salz, Pfeffer und etwas Muskat würzen.
- Die Wirzstreifen beigeben und bei schwacher Hitze knapp weich kochen.

Fleisch
- Die Schweinsmedaillons würzen, mit Mehl bestäuben und in der heissen Butter rosa braten. Dabei immer wieder mit der Bratbutter übergiessen.
- Die Medaillons aus der Pfanne nehmen und zugedeckt ruhen lassen.

Sauce
- Die Bratbutter mit Küchenpapier aus der Pfanne heraustupfen.
- Frische Butter in die Pfanne geben und die Schalotte und den Knoblauch langsam andünsten.
- Die Kümmelsamen auf ein Brett geben, einige Tropfen Öl darüberträufeln und dann fein hacken. Ebenfalls kurz mitdämpfen.
- Mit Bier ablöschen, die Bouillon beigeben und die Sauce um die Hälfte reduzieren.
- Zuletzt die Butterflocken in die Sauce schwingen und diese abschmecken.

Anrichten

- Die schönen Wirzblätter auf 4 Teller verteilen.
- Das warme Wirzgemüse daraufgeben, die Filetmedaillons dazulegen und mit der Sauce übergiessen.

Begleitung

- Salzkartoffeln

Karotten-Mousse mit Kaninchenfilets

Für 4 Personen

Karotten-Mousse
500 g Karotten
1 Schalotte
20 g Butter
1 dl Gemüsebouillon, evtl. Fleisch- oder Geflügelbouillon
3–4 Blatt Gelatine
1½ dl Rahm
Salz, Pfeffer aus der Mühle

Kaninchenfilets
2 Kaninchenfilets
Salz, Pfeffer aus der Mühle
Butter zum Braten

Garnitur
2 Karotten, in Streifen geschnitten
Löwenzahn oder Brunnenkresse

Vinaigrette
2 Esslöffel Bouillon
1 Esslöffel Traubenkernöl
1 Esslöffel Haselnussöl
2 Esslöffel Weissweinessig
1 Esslöffel Fruchtessig
Salz, Pfeffer aus der Mühle
2 Esslöffel Haselnüsse

Vorbereiten

Karotten-Mousse
- Die Karotten schälen und in feine Scheiben schneiden.
- Die Schalotte fein hacken und in aufschäumender Butter glasig dämpfen.
- Die feingeschnittenen Karotten beigeben und mitdämpfen.
- Die Bouillon zufügen, zudecken und bei schwacher Hitze die Karotten weich kochen.
- Die Gelatineblätter in kaltes Wasser legen und etwa 5 Minuten einweichen.
- Den Rahm steif schlagen.
- Die weichgekochten Karotten fein pürieren, die eingeweichten Gelatineblätter ausdrücken und im heissen Karottenpüree auflösen.
- Das Karottenpüree durch ein Sieb streichen, leicht würzen und unter zeitweiligem Rühren erkalten lassen.
- Den Schlagrahm unter das kalte, aber noch flüssige Karottenpüree ziehen.
- Die Masse in eine kleine Schüssel geben, glattstreichen und einige Stunden kalt stellen.

Fertigstellen

- Die Kaninchenfilets würzen und in Butter rosé braten.

Garnitur
- Die Karotten schälen und in feine Streifen schneiden (wie Spaghetti).

Vinaigrette
- Bouillon, Öl und Essig zusammen verrühren. Die Sauce würzen und abschmecken.
- Die Haselnüsse grob schneiden und in einer trockenen Pfanne goldbraun rösten, zur Sauce geben.

Anrichten

- Von der Karotten-Mousse mit einem in heisses Wasser getauchten Esslöffel Klösschen abstechen.
- Die Kaninchenfilets in Scheiben schneiden.
- Karottenklösschen und Kaninchenfiletscheiben zusammen schön anrichten.
- Die Haselnussvinaigrette dazugeben, mit Karottenstreifen und Löwenzahnsalat garnieren.

Kaninchenleber mit Frühlingszwiebeln

Für 4 Personen

Frühlingszwiebelgemüse
6 Stengel Frühlingszwiebeln
1 Esslöffel Olivenöl
1 Teelöffel Zucker
½ dl Weisswein
½ dl Bouillon

Kaninchenleber
4–8 Kaninchenlebern
1 Esslöffel Butter
½ Esslöffel Olivenöl
Salz, Pfeffer aus der Mühle
1 Esslöffel Essig
2–3 Butterflocken

Zubereitung

Frühlingszwiebelgemüse
- Einen Teil des grünen Zwiebelkrauts wegschneiden, dann die Zwiebeln der Länge nach halbieren.
- Das Öl in einer beschichteten Bratpfanne erhitzen und die Zwiebeln darin rundherum anbraten.
- Den Zucker darüberstreuen, etwas weiterbraten, so dass der Zucker leicht karamelisiert.
- Mit dem Wein ablöschen, die Bouillon zufügen und die Zwiebeln bei schwacher Hitze zugedeckt weich kochen.

Kaninchenleber
- Die Kaninchenlebern putzen, d.h. die groben Teile sowie Blutadern wegschneiden.
- Die Butter mit dem Olivenöl aufschäumen, die Lebern hineinlegen und rosa braten.
- Mit Salz und Pfeffer würzen und einige Tropfen Essig darüberträufeln.
- Die Lebern aus der Pfanne nehmen.
- Den Saft der Zwiebeln mit einigen Tropfen Essig abschmekken, 2–3 Butterflocken hineinschwingen und nochmals abschmecken.

Anrichten

- Pro Person drei halbe Zwiebeln schön anrichten, die Leber dazulegen und die Sauce darüberträufeln.

AARGAU

Basler Mehlsuppe mit Käsekugeln

Für 4 Personen

Mehlsuppe
40 g eingesottene Butter
60 g Mehl
1 l Fleischbouillon
evtl. 1 Teelöffel Kümmel
1 Lorbeerblatt
1 Spur Muskat

2 Esslöffel Sauerrahm

Käsekugeln
200 g geriebener Greyerzer
50 g Mehl
3 Eigelb
wenig Muskat
Pfeffer aus der Mühle
3 Eiweiss
Mehl zum Wenden

Öl zum Fritieren

Zubereitung

Mehlsuppe
- Die Butter schmelzen, das Mehl beifügen und unter ständigem Rühren braun rösten.
- Vom Herd nehmen und auskühlen lassen.
- Die Bouillon dazurühren und die Suppe unter Rühren aufkochen.
- Die Gewürze beigeben und die Mehlsuppe bei schwacher Hitze 40–60 Minuten leicht köcheln lassen. Nach Bedarf verdünnen.

Käsekugeln
- Den geriebenen Käse mit dem Mehl vermengen, Eigelb, Muskat und Pfeffer beigeben und alles gut mischen.
- Das Eiweiss steif schlagen und unter die Käsemasse ziehen.
- Aus der Käsemasse baumnussgrosse Kugeln formen, diese im Mehl wenden und im heissen Öl in der Friteuse goldgelb backen.

Anrichten
- Die kochend heisse Suppe in Teller verteilen.
- Wenig Sauerrahm dazugeben und je eine Käsekugel darauflegen. Sofort servieren.
- Die restlichen Käsekugeln auf einer Platte separat zu der Suppe servieren.

Variante
- Die Käsekugeln können auch mit Tomatensauce serviert werden.

BASEL-STADT

Salmfilets auf grüner Spargelsauce

Für 4 Personen

Spargelsauce
8–12 grüne Spargeln
Salz
Zucker
1½ dl Wasser
20 g Butter
1 dl Rahm
einige Tropfen Zitronensaft

Salmfilets
4 Salmfilets
Salz, Pfeffer aus der Mühle
50 g Speckscheiben
1 Esslöffel Schnittlauch, feingeschnitten

Vorbereiten

Spargelsauce
- Die Spargeln waschen und in eine weite Pfanne legen.
- Mit Salz und etwas Zucker bestreuen, wenig Wasser beifügen und einige Butterflocken darauflegen.
- Zudecken und bei schwacher Hitze während 10–15 Minuten auf den Punkt kochen.
- Die Spargeln herausnehmen und die Spitzen (etwa 10 cm lang) wegschneiden, beiseite stellen.
- Die Spargelenden mit dem Sud fein mixen und die Sauce durch ein Sieb streichen.
- Den Rahm beigeben und die Sauce abschmecken.

Fertigstellen

- Die Salmfilets würzen und auf dem Dampf garen.
- Die Speckscheiben in 2 mm breite Streifen schneiden und in einer beschichteten Pfanne knusprig braten.
- Auf Haushaltpapier abtropfen lassen.

Anrichten

- Die Spargelsauce aufkochen und den Schnittlauch dazumischen.
- Die Salmfilets mit der feinen Sauce auf vorgewärmten Tellern anrichten und mit den heissen Spargelspitzen garnieren.
- Die Speckstreifen darüberstreuen und servieren.

BASEL-STADT

Grossmutters Sauerbraten

Für 4 Personen

Beize
1 Flasche guter Rotwein
1 dl milder Rotweinessig
4 zerdrückte Pfefferkörner
1 Karotte
1–2 Zwiebeln
1 Lorbeerblatt
2 Knoblauchzehen
je 1 Stück Lauch und Sellerie
je 1 Rosmarin- und Thymianzweig

Braten
1,2 kg Rindshohrücken, gut gelagert
Salz, Pfeffer aus der Mühle
wenig Mehl
Öl zum Braten
1 Kalbsfuss
500 g geschälte Tomaten
50 g Tafelbutter
3 Esslöffel gehackte Petersilie

Vorbereiten

Beize
- Alle Zutaten mischen und das Fleischstück darin 3–5 Tage marinieren. Achtung: Das Fleisch muss mit Flüssigkeit bedeckt sein.

Braten des Fleisches
- Den Hohrücken aus der Beize nehmen und gut trocken tupfen.
- Die Beize absieben, aufkochen und den aufsteigenden Schaum mit der Kelle abschöpfen.
- Den Hohrücken rundherum mit Salz und Pfeffer würzen und mit Mehl bestäuben.
- Im heissen Öl zusammen mit dem Kalbsfuss rundherum stark anbraten, dann beides aus der Pfanne nehmen und in einen Brattopf legen.
- Das Fett mit Küchenpapier aus der Pfanne tupfen, das Gemüse von der Beize leicht andämpfen.
- Mit der Beize ablöschen, die geschälten Tomaten dazugeben und aufkochen.
- Die Sauce über das Fleischstück verteilen und den Brattopf zudecken.
- Im vorgewärmten Backofen bei 180–200 °C während 60–80 Minuten langsam schmoren.

Fertigstellen

- Die Sauce in eine Pfanne sieben und nach Bedarf einkochen.
- Zuletzt die Butterflocken in die Sauce schwingen und diese abschmecken.
- Den Hohrücken tranchieren und mit der Sauce anrichten, mit Petersilie bestreuen.

Begleitung

- Verschiedene knackig gekochte Gemüse
- Kartoffelstock, Polenta usw.

Anmerkung

- Wenn man das Rezept mit einem gut gelagerten Hohrücken macht, darf das Fleisch natürlich rosé gebraten werden. Es eignen sich aber auch andere Bratenstücke, die Kochzeit verlängert sich dabei allerdings auf ca. 2–2½ Stunden.

Basler Chriesi im Rotwein und Läckerli-Glace

Für 4 Personen

2½ dl Rotwein
50 g Zucker
1 Teelöffel Maizena
1 Prise Zimtpulver
200 g Kirschen

Läckerli-Glace
4—6 Basler Läckerli
4 Kugeln Vanilleglace

Rahmsauce
2 Kugeln Vanilleglace
2—3 Esslöffel Kirsch
1 dl Doppelrahm
evtl. wenig Milch

Vorbereiten

Kirschen
- Rotwein und Zucker aufkochen.
- Das mit wenig Wasser angerührte Maizena dazugeben, den Zimt und die Kirschen beifügen.
- Die Kirschen bei schwacher Hitze knapp weich kochen und erkalten lassen.

Läckerli-Glace
- Die Basler Läckerli grob reiben.
- Die Glacekugeln einzeln darin wenden (panieren) und die Brösel etwas andrücken.
- Bis zum Servieren in den Tiefkühler stellen.

Fertigstellen

- Für die Rahmsauce die Vanilleglace mit dem Kirsch und dem Rahm fein mixen.
- Nach Bedarf mit wenig Milch verdünnen.
- Die Rotweinsauce der Kirschen und die Rahmsauce auf vier flache Teller geben und mit einem Holzstäbchen schön ineinanderziehen.
- Die Kirschen und je eine Kugel Läckerli-Glace darauflegen und sofort servieren.

BASEL-LAND

Pouletbrüstchen auf Bärlauchsauce

Für 4 Personen

4 Pouletbrüstchen mit Haut
Salz, Pfeffer aus der Mühle
20 g Butter

Bärlauchsauce
½ dl Weisswein
knapp 1 dl Geflügelbouillon
½ dl Rahm
1 Handvoll Bärlauchblätter
1 Eigelb

Garnitur
verschiedene gekochte Gemüse, wie junge Karotten, neue Kartoffeln, Frühlingszwiebeln, Kefen, Spargeln usw.

Zubereitung

Pouletbrüstchen
- Die Pouletbrüstchen auf beiden Seiten leicht würzen.
- Die Butter aufschäumen und die Pouletbrüstchen hineinlegen, dabei die Hautseite zuerst anbraten.
- Bei mittlerer Hitze zugedeckt goldgelb anbraten. Die Brüstchen umdrehen und die andere Seite kurz braten, dabei nicht mehr zudecken.
- Aus der Pfanne nehmen und zugedeckt warm halten.

Sauce
- Den Wein fast vollständig einkochen, dann die Geflügelbouillon und den Rahm beigeben.
- Die Sauce in ein Mixglas giessen, den Bärlauch und das Eigelb beifügen und mixen, bis die Sauce fein ist. Würzen und abschmecken.
- Die Bärlauchsauce zurück in die Pfanne giessen und unter Rühren zum Kochen bringen.

Anrichten

- Die Pouletbrüstchen tranchieren und auf der Bärlauchsauce anrichten.
- Mit dem Saisongemüse garnieren.

Variante

- Statt Bärlauch können natürlich auch Kresse oder Gartenkräuter verwendet werden.

Rahmbirnen

Für 4 Personen

4 Esslöffel Zucker
$1/2 - 1$ Teelöffel Zimtpulver
4 Birnen
2 dl Vollrahm

1 kleine Gratinform
Butter zum Ausstreichen

4 Kugeln Vanille-, Birnen- oder Caramelglace

Zubereitung

- Den Backofen auf 180 °C vorheizen.
- Zucker und Zimt mischen.
- Die Birnen schälen, halbieren und das Kerngehäuse entfernen, ohne dass ein durchgehendes Loch entsteht.
- Die Birnen mit der Schnittfläche nach oben in die Gratinform legen und mit einem Esslöffel Zimtzucker bestreuen.
- Den Rahm in die Höhlung geben, so dass ein Teil davon über die Birnen in die Form fliesst.
- Die Rahmbirnen etwa 30 Minuten backen. Dann mit dem restlichen Zimtzucker bestreuen und bei starker Oberhitze weiterbacken, bis die Birnen karamelisiert sind.
- Mit je einer Kugel Vanille-, Birnen- oder Caramelglace servieren.

SOLOTHURN

Bern/Freiburg/Jura

Bern
Sauerkraut-Cremesuppe mit Blutwurst *94*
Berner Seelandgemüse-Terrine mit Buurehamme *96*
Rippli-Steaks an Orangen-Honigsauce *98*
Fotzelschnitten mit Karameläpfeln *99*

Freiburg
Kalbsfilet an Fonduesauce mit Gemüsen *100*
Heidelbeer-Dessert *102*

Jura
Tête-de-moine-Rosen mit Schinkenmousse *104*
Ruths Apfeltorte *106*

Sauerkraut-Cremesuppe mit Blutwurst

Für 4 Personen

1 Esslöffel feingehackte Zwiebeln
20 g Butter
250 g Sauerkraut, evtl. gekocht
1 Apfel
½ dl Weisswein
5 dl Fleischbrühe
1 dl Vollrahm
1 Prise Cayennepfeffer

Garnitur

1 Blutwurst
wenig Butter

Zubereitung

- Die Zwiebeln unter Rühren in Butter dünsten.
- Das Sauerkraut kurz mitdämpfen, den Apfel hineinreiben, mit Weisswein ablöschen und etwas einkochen lassen.
- Die Fleischbrühe zugeben und die Suppe bei schwacher Hitze 30 Minuten kochen.
- Die Suppe im Mixer fein pürieren, evtl. durch ein Sieb streichen.
- Den Rahm zufügen, die Suppe evtl. leicht verdünnen, abschmecken.

Garnitur

- Die Blutwurst im Wasser 20 Minuten ziehen lassen, leicht auskühlen.
- Schälen und in 1 cm dicke Scheiben schneiden.
- Die Blutwurstscheiben evtl. in wenig Butter auf beiden Seiten kurz anbraten.

Anrichten

- Die Sauerkrautsuppe aufkochen, in vorgewärmte Teller anrichten und mit je einer Blutwurstscheibe garnieren.

BERN

Berner Seelandgemüse-Terrine mit Buurehamme

Für 10 Personen
(ca. 10 Terrinenscheiben)

Sauce für die Terrinenfüllung
20—30 g getrocknete Morcheln, in Wasser eingelegt
20 g Butter
1 kleine Zwiebel, feingehackt
1 dl Weisswein
2 dl Rahm
Salz, Pfeffer aus der Mühle
einige Tropfen Zitronensaft
1 Prise Cayennepfeffer
3 Blatt Gelatine

Einlage
verschiedene Gemüse, wie Karotten, Kohlrabi, Sellerie, Bohnen, Broccoli, Blumenkohl, Spargel usw.
2—3 Scheiben Buurehamme (Schinken), etwas dicker geschnitten als üblich
1 Bund Schnittlauch, feingeschnitten

1 Terrine, kleine Cake- oder Aluform
Alufolie

Peperonisauce
1 feingehackte Zwiebel
1 gepresste Knoblauchzehe
wenig Butter
1 roter Peperoni
½ dl Bouillon
Salz, Pfeffer aus der Mühle
Paprikapulver
1 Prise Cayennepfeffer

Zubereitung

Terrine
- Die eingeweichten Morcheln gründlich waschen. Das Morcheleinlegewasser durch einen Kaffeefilter sieben.
- Die Butter schmelzen, die Zwiebeln beigeben und glasig dämpfen, dann die Morcheln dazugeben und kurz mitdämpfen.
- Mit Wein ablöschen. Das Morchelwasser und den Rahm beifügen und die Sauce bis auf knapp 3 dl Flüssigkeit einkochen.
- Mit Salz, Pfeffer, Zitronensaft und einer Prise Cayennepfeffer würzen und abschmecken.
- Die in kaltem Wasser eingeweichten Gelatineblätter gut ausdrücken und in der warmen Sauce auflösen (Probe: 1 Esslöffel Sauce auf einen Teller geben, kalt stellen).

Einlage
- Inzwischen das Gemüse vorbereiten. Kohlrabi oder Sellerie in 1 cm dicke Stengel schneiden, den Blumenkohl oder Broccoli in Röschen teilen, die Karotten ganz lassen.
- Salzwasser oder Bouillon aufkochen, das Gemüse lagenweise darin knapp weich kochen, dann sofort kalt überbrausen und auf ein Küchentuch legen.
- Die Terrinenform mit Alufolie auskleiden und eine der Schinkentranchen ohne Fett exakt hineinlegen.
- Das gemischte Gemüse abwechslungsweise mit Schnittlauch und der leicht bindenden Sauce in die Form füllen. Zuletzt mit der zweiten Schinkentranche zudecken und die Form verschliessen. Mindestens 4 Stunden kalt stellen.

Peperonisauce
- Die feingehackte Zwiebel und den Knoblauch in Butter glasig dünsten.
- Den Peperoni in Würfel schneiden und beigeben, kurz mitdämpfen.
- Die Bouillon dazugeben, würzen, dann bei schwacher Hitze zugedeckt etwa 15 Minuten leicht köcheln lassen.
- Zuletzt alles sehr fein mixen, durch ein Sieb streichen und erkalten lassen.

Anrichten
- Die Gemüseterrine sorgfältig aus der Form lösen (evtl. kurz in heisses Wasser tauchen).
- Mit einem scharfen Messer in Scheiben schneiden und mit der Peperonisauce anrichten.

BERN

Rippli-Steaks an Orangen-Honigsauce

Für 4 Personen

4 Rippli-Steaks
à 150–200 g
20 g Butter
2–3 Esslöffel Bienenhonig
½ Esslöffel Senf
2½ dl frisch gepresster Orangensaft
2 Nelken
evtl. 1 Esslöffel Sultaninen
1 Esslöffel Cognac
20 g Butter

Zubereitung

- Die Rippli in aufschäumender Butter auf beiden Seiten leicht anbraten, aus der Pfanne nehmen.
- Bienenhonig und Senf in die Bratbutter rühren und den Orangensaft dazugiessen.
- Die Nelken und evtl. die Sultaninen beifügen und die Sauce aufkochen.
- Die Rippli in die Sauce legen, zudecken und bei schwacher Hitze während 30–40 Minuten leicht köcheln lassen.
- Die Rippli aus der Sauce nehmen und auf eine Platte legen, zudecken.
- Die Sauce bei starker Hitze sämig einkochen.
- Den Cognac und die Butter hineinrühren und abschmecken, über die Rippli verteilen.

Begleitung

- Gebratene Ananasscheiben und Trockenreis
- Croquette-Kartoffeln und Gemüse
- Rotkraut

Fotzelschnitten mit Karameläpfeln

Für 4 Personen

Fotzelschnitten
8 Scheiben Zopf, Einback oder Modelbrot vom Vortag
1–1½ dl Milch
2–3 Eier
2 Esslöffel Milch
Butter zum Braten
Zimtzucker zum Bestreuen

Karameläpfel
50 g Zucker
1½ dl Rahm
2 Äpfel

Zubereitung

Fotzelschnitten
- Die Zopfscheiben in die Milch tauchen und auf eine Platte legen.
- Die Eier mit den zwei Esslöffeln Milch verklopfen.
- Die Brotscheiben im verklopften Ei wenden und in Butter auf beiden Seiten goldbraun backen.
- Mit Zimtzucker bestreuen.

Karameläpfel
- Den Zucker karamelbraun rösten und mit dem Rahm ablöschen.
- An der Wärme ziehen lassen, bis sich der Zucker aufgelöst hat.
- Die Äpfel schälen, in Schnitze schneiden und im Karamelrahm knapp weich kochen.

Anrichten
- Die frischgebackenen Fotzelschnitten mit den Karameläpfeln anrichten.

BERN

Kalbsfilet an Fonduesauce mit Gemüsen

Für 4 Personen

1 Karotte
50 g Sellerie
einige Broccoli-Röschen
1 Stück Lauch
½ Kohlrabi
8 Raclette-Kartoffeln
4–8 Kalbs- oder Schweinsfiletmedaillons
Salz, Pfeffer aus der Mühle
Mehl zum Bestäuben
eingesottene Butter zum Braten

Fonduesauce

60 g geriebener Greyerzer
1 gestrichener Teelöffel Maizena
¾ dl Weisswein
60 g geriebener Vacherin
4 Esslöffel Rahm
Pfeffer aus der Mühle
1 Spur Cayennepfeffer
Zitronensaft

Zubereitung

- Die verschiedenen Gemüse putzen, in Stengelchen, Scheiben oder Röschen schneiden und knackig kochen.
- Die Kartoffeln weich kochen.
- Die Kalbsmedaillons würzen, mit Mehl bestäuben und in aufschäumender Butter rosé braten.

Fonduesauce

- Den Greyerzer mit dem Maizena mischen und mit dem Weisswein unter Rühren aufkochen, bis der Käse geschmolzen ist.
- Die Hitze reduzieren, den Vacherin dazurühren und ebenfalls schmelzen lassen.
- Die Fonduesauce mit Rahm verfeinern und abschmecken.

Anrichten

- Die Sauce auf heisse Teller verteilen.
- Die Filetmedaillons in die Mitte legen und das Gemüse rundherum verteilen.

Varianten

- Die Fonduesauce kann auch mit Kräutern oder Kümmel abgeschmeckt werden.
- Anstatt der Kartoffeln können die Kalbsmedaillons auf geröstete Brotscheiben gelegt werden. Die Fonduesauce über die Medaillons verteilen und das Gemüse rundherum streuen.

FREIBURG

Heidelbeer-Dessert

Für 4 Personen

500 g Heidelbeeren
200 g Zucker
Saft von ½ Zitrone
½ – 1 Teelöffel Maizena
wenig Wasser
8 Esslöffel Kirsch

4–8 Kugeln Vanilleglace
2 Esslöffel Doppelrahm

Zubereitung

- Die Heidelbeeren mit dem Zucker, dem Zitronensaft und wenig Wasser aufkochen.
- Das Maizena mit Wasser anrühren und langsam zu den Heidelbeeren geben.
- Kurz aufkochen und dann den Kirsch zufügen.

Anrichten

- Das Heidelbeerkompott auf Teller verteilen.
- Je eine Kugel Vanilleglace in die Mitte setzen.
- Mit Doppelrahm garnieren und sofort servieren.

FREIBURG

Tête-de-moine-Rosen mit Schinkenmousse

Für 6 Personen

½ Tête-de-moine oder
ca. 20 Käserosen

Schinkenmousse
200 g Bauernschinken
1 dl Sulz
2 dl Rahm, steifgeschlagen
1 Spur Muskat
1 Spur Cayennepfeffer

Traubensauce
4 Esslöffel Traubengelee
einige Tropfen Himbeer-
oder Obstessig
2 Esslöffel Weisswein
¼ Teelöffel Senfpulver
Cayennepfeffer

Garnitur
Trauben
Birnen- oder Nussbrot

Zubereitung

Schinkenmousse
- Den Schinken in Würfel schneiden und etwa 30 Minuten in den Kühlschrank stellen.
- Die Schinkenwürfel mit der flüssigen, aber kalten Sulz im Cutter zu einer feinen Masse mixen.
- Die Schinkenfarce in eine Schüssel geben, den Schlagrahm sowie eine Spur Muskat und Cayennepfeffer zufügen und alles vorsichtig mischen. Kalt stellen.

Füllen der Käserosen
- Mit dem speziellen Gerät (Girolle) schöne Rosen vom Käse ziehen.
- Die Schinkenmousse in einen Spritzsack geben und die Käserosen damit füllen. Etwas andrücken.

Traubensauce
- Den Traubengelee leicht wärmen und mit Himbeeressig, Weisswein, Senfpulver und Cayennepfeffer mischen.

Anrichten

- Je 2–3 Käserosen auf einen Teller legen, wenig Traubensauce dazugeben und beliebig mit Traubenbeeren garnieren.
- Mit Birnen- oder Nussbrot servieren.

Variante

- Die Sauce kann auch mit Quitten- oder anderem Gelee zubereitet werden, dann aber zuletzt halbe Baumnusskerne unter die Sauce mischen.

Ruths Apfeltorte

Für ein Kuchenblech von 24—26 cm Durchmesser

Teig
100 g Butter
80 g Zucker
180 g Mehl
1 verklopftes Ei

Einlage
800 g Äpfel, leicht sauer
1 Esslöffel Zucker
2 Esslöffel Rum

50 g geriebene Nüsse

Füllung
80 g Butter
80 g Zucker
2 Esslöffel Rahm
wenig fein abgeriebene Zitronenschale
3 Eigelb
2—3 Eiweiss
20 g Zucker

Vorbereiten

Teig
- Butter und Zucker schaumig rühren, das Mehl dazusieben, das Ei beigeben und alles rasch zu einer Teigkugel verarbeiten.
- Den Teig im Kühlschrank eine Stunde ruhen lassen.

Einlage
- Die Äpfel schälen, halbieren und das Kerngehäuse herausstechen.
- Die halben Äpfel auf der runden Oberfläche mit dem Messer leicht einschneiden. Sie sollen aber noch zusammenhalten.
- Auf eine Platte legen, mit Zucker bestreuen und mit Rum beträufeln.

Fertigstellen

- Den Backofen auf 180 °C vorheizen.
- Den Teig auswallen und ein Backblech oder eine Springform damit auslegen. Mit einer Gabel einstechen.
- Die Nüsse daraufstreuen.
- Die Äpfel abtropfen, auf den Teig legen und in den Backofen schieben. 20 Minuten vorbacken.

Füllung
- Inzwischen die Butter mit dem Zucker schaumig rühren.
- Rahm, abgeriebene Zitronenschale und Eigelb dazugeben und kurz weiterrühren.
- Das Eiweiss steif schlagen, den Zucker beigeben und kurz mitrühren.
- Das steife Eiweiss locker unter die Eigelbmasse heben.
- Die Füllung auf den vorgebackenen Kuchen verteilen und die Apfeltorte weitere 25—30 Minuten backen.

Westschweiz

Neuenburg
- Weissweinsuppe mit Käsestengelchen *108*
- Gemüsegratin *110*
- Kutteln mit Vinaigrette *112*
- Griessköpfli mit Himbeersauce *113*

Waadt
- Panierter Tomme an Gemüsevinaigrette *114*
- Saucisson im Teig mit Marc-Sabayon *116*
- Waadtländer Weinkuchen *119*

Genf
- Zanderflan an Traubensauce *120*
- Genfer Weinsuppe mit Beeren und Schwänli *122*
- Rahm-Schwänli *124*

Weissweinsuppe mit Käsestengelchen

Für 4 Personen

3 dl Fleischbouillon
2 dl Weisswein
1 Lorbeerblatt
1 Nelke
1½ dl Rahm
4 Eigelb
Salz
Pfeffer
1 Prise Zimtpulver

Garnitur
Käsestengelchen

Für 50–60 Stück

100 g Mehl
wenig Salz
60 g Butter
50 g geriebener Sbrinz
70 g Rahmquark
evtl. 1–2 Esslöffel Rahm
1 Eigelb zum Bestreichen

Garnitur
Mohnsamen oder Kümmel

Zubereitung

- Bouillon und Wein mit dem Lorbeerblatt und der Nelke aufkochen, 5 Minuten ziehen lassen.
- Den Rahm mit dem Eigelb verklopfen und langsam in die Suppe rühren.
- Unter ständigem Rühren vors Kochen bringen.
- Vom Herd nehmen und kurz weiterrühren. Achtung: Sobald die Suppe zu heiss wird, flockt sie aus.
- Die cremige Weinsuppe mit Salz, Pfeffer und Zimt würzen und abschmecken.
- In Teller verteilen.
- Die Käsestengelchen separat dazu servieren.

Käsestengelchen

Vorbereiten

- Das Mehl in eine Schüssel sieben und Salz darüberstreuen.
- Die Butter in Würfel schneiden und auf das Mehl geben.
- Alles mit kalten Händen reiben, bis die Masse gleichmässig feinkrümelig ist.
- Reibkäse, Quark und evtl. Rahm zufügen, alles kurz mischen und rasch zu einem Teig verarbeiten.
- Einpacken und kalt stellen.

Fertigstellen

- Den Teig ½ cm dick auswallen.
- In Stengelchen schneiden und diese auf ein Backpapier legen.
- Die Stengelchen mit Eigelb bestreichen und evtl. mit Mohnsamen oder Kümmel bestreuen.
- Im vorgeheizten Backofen bei 200 °C ca. 15–20 Minuten backen.

Anmerkung

- Die Käsestengelchen können auch anders geformt werden.
- Sie eignen sich auch ausgezeichnet als Aperitif zu einem Glas Wein.

Gemüsegratin

Für 4 Personen

20 g Butter für die Gratinplatte

1 feingehackte Knoblauchzehe
40 g Butter
2 Zwiebeln, in Streifen geschnitten
200 g Gemüselauch, in 2 cm grosse Stücke geschnitten
2 dl Bouillon
2½ dl Rahm
(evtl. 1½ dl Rahm und 100 g Quark)
1 Spur Muskat
Pfeffer aus der Mühle
evtl. wenig Salz
150 g Spinat, blanchiert
2 Karotten, in feine Scheiben geschnitten
100 g geriebener Tête de moine
100 g geriebener Greyerzer
500 g Kartoffeln, in feine Scheiben geschnitten

Vorbereiten

- Eine Gratinplatte mit Butter und der feingehackten Knoblauchzehe bestreichen.
- 40 g Butter aufschäumen, die Zwiebelstreifen und Lauchstücke beigeben und bei schwacher Hitze andämpfen. Leicht würzen und in die Form verteilen.
- Bouillon und Rahm in die Pfanne geben, aufkochen und leicht würzen.
- Inzwischen den Spinat und die Karottenscheiben auf die Zwiebeln streuen. Tête de moine und Greyerzer mischen und die Hälfte davon auf das Gemüse verteilen.
- Den Gratin mit den Kartoffelscheiben belegen und den heissen Rahmguss darübergiessen. Mit dem restlichen Käse bestreuen.

Fertigstellen

- Den Gemüsegratin im vorgeheizten Backofen bei 180 °C während 80 Minuten gratinieren.
- Evtl. nach 30 Minuten mit einer Folie bedecken, damit der Gratin nicht zu dunkel wird.

NEUENBURG

Kutteln mit Vinaigrette

Für 4 Personen

600–800 g Kutteln

Sud
4 dl Neuenburger Weisswein
5 dl Bouillon
1 Zwiebel
1 Lorbeerblatt
1 Nelke
1 Karotte
etwas Lauch
1 Stück Sellerie
einige Petersilienstengel
Salz

Vinaigrette
2 feste Tomaten
1 Zwiebel
1 Essiggurke
1 Esslöffel Kapern
Sonnenblumenöl
Essig
Senf
etwas Kochsud
Salz, Pfeffer aus der Mühle
1 Bund Schnittlauch, feingeschnitten
1 Esslöffel gehackte Petersilie
einige Basilikumblätter, feingeschnitten

Zubereitung

- Die Kutteln in gleichmässig grosse Vierecke von 2x2 cm schneiden.

Sud
- Wein, Bouillon, die mit Lorbeerblatt und Nelke besteckte Zwiebel sowie das geputzte Gemüse aufkochen.
- Den Sud leicht würzen und die Kutteln dazugeben. Bei schwacher Hitze während ca. 60–80 Minuten kochen, bis die Kutteln ganz weich sind.

Vinaigrette
- Die Tomaten für wenige Sekunden in den Kuttelsud legen, dann schälen und das Tomatenfleisch in Würfelchen schneiden.
- Die Zwiebel fein hacken, die Essiggurke in feine Würfel schneiden und die Kapern ebenfalls etwas hacken.
- Aus Öl, Essig, Senf und etwas Kochsud eine sämige Sauce rühren.
- Mit Salz und Pfeffer würzen, dann alle feingeschnittenen Zutaten sowie die Kräuter beifügen.

Anrichten

- Die gut abgetropften Kutteln evtl. mit der Karotte und dem Sellerie auf Teller verteilen und mit der Vinaigrette servieren.

NEUENBURG

Griessköpfli mit Himbeersauce

Für 4 – 6 Personen

5 dl Milch
1 Prise Salz
40 g Zucker
80 g Griess
wenig fein abgeriebene
Orangenschale
wenig fein abgeriebene
Zitronenschale
2 Esslöffel Sultaninen, in
Rum, Kirsch oder Orangenlikör eingelegt
2 Esslöffel geröstete und
gehackte Haselnüsse
1 dl Rahm, steifgeschlagen

Himbeersauce
200 g Himbeeren
Zucker nach Bedarf

Garnitur
schöne Himbeeren
Pfefferminzblätter

Zubereitung

Griessköpfli
- Die Milch aufkochen, dann Salz und Zucker beifügen.
- Den Griess im Faden einlaufen lassen und unter Rühren zu einem dicken Brei kochen.
- Abseits der Herdplatte die Orangen- und Zitronenschale, die Sultaninen und die Nüsse dazumischen.
- Den Brei etwas auskühlen lassen und zuletzt den Schlagrahm darunterziehen.
- 6 kleine oder eine grosse Form mit kaltem Wasser ausspülen und den Griessbrei darin verteilen. Kalt stellen.

Himbeersauce
- Die Himbeeren fein mixen, durch ein Sieb streichen und nach Belieben süssen.

Anrichten

- Die Griessköpfli sorgfältig stürzen und mit der Himbeersauce anrichten.
- Mit schönen Himbeeren und mit je einem Pfefferminzblatt garnieren.

Panierter Tomme an Gemüsevinaigrette

Für 4 Personen

2–4 Waadtländer Tommes
1 verklopftes Ei
Paniermehl
Butter zum Braten

Gemüsevinaigrette
50 g Sellerie
80 g Karotten
50 g Lauch
½ dl Bouillon
3 Esslöffel Sonnenblumenöl
½ Esslöffel Balsamico-Essig
Salz, Pfeffer aus der Mühle
1 Esslöffel Kümmel

Garnitur
Radieschen
Salatblätter

Vorbereiten

- Die Tommes durch das verquirlte Ei ziehen, im Paniermehl drehen und dieses leicht anklopfen.

Gemüsevinaigrette
- Das Gemüse in sehr feine Würfelchen (Brunoise) schneiden.
- Die Bouillon aufkochen, die Gemüsebrunoise zufügen und eine Minute kochen. Vom Herd nehmen.
- Sonnenblumenöl und Essig sämig rühren, das warme Gemüse mit der Flüssigkeit beigeben und alles mischen.
- Die Vinaigrette mit Salz und Pfeffer würzen und abschmekken.

Fertigstellen

- Die panierten Tommes bei mittlerer Hitze auf beiden Seiten in Butter goldgelb braten.
- Mit der noch warmen Vinaigrette auf Teller anrichten.
- Mit Kümmel und Pfeffer bestreuen und beliebig garnieren.

WAADT

Saucisson im Teig mit Marc-Sabayon

Für 4 Personen

Mürbeteig
500 g Mehl
250 g kalte Butter
1 Teelöffel Salz
1 Ei
1½ dl Milch-Wasser
2 Esslöffel Essig

Saucisson und Gemüse
1 Waadtländer Saucisson
1 Esslöffel Marc
10 – 12 grüne Wirzblätter
viel Salzwasser
4 Zwiebeln
20 g Butter
1 dl Rahm
Salz, Pfeffer aus der Mühle
je 1 Prise Muskat und Cayennepfeffer

1 verklopftes Ei

(Fortsetzung Seite 118)

Vorbereiten

Mürbeteig
- Das Mehl in eine Schüssel sieben und die Butter in kleinen Stücken dazugeben. Von Hand reiben, bis alles feinkörnig ist. Das Salz darüberstreuen.
- Das Ei verklopfen, Milch-Wasser und Essig dazugeben.
- Die Flüssigkeit zum Mehl geben und alles rasch zu einem glatten Teig verarbeiten.
- Einpacken und mindestens 1 Stunde ruhen lassen.

Saucisson und Gemüse
- Die Saucisson bei 70 – 80 °C während 30 Minuten im Wasser ziehen lassen, dann herausnehmen und etwas auskühlen lassen.
- Die Haut sorgfältig weglösen, die Wurst auf einen Teller legen und den Marc darüber verteilen. Zugedeckt erkalten lassen, dabei die Wurst evtl. hin und wieder wenden.
- Die Wirzblätter lagenweise in viel kochendes Salzwasser geben und knapp weich kochen.
- Dann die Blätter sofort in kaltes Wasser legen und abkühlen.
- Gut abtropfen lassen und die groben Blattrippen wegschneiden.
- Die Zwiebeln schälen, halbieren und in feine Streifen schneiden.
- Langsam in Butter dämpfen, bis sie zusammenfallen.
- Den Rahm beigeben und alles gut einkochen, bis die Flüssigkeit verdampft ist.
- Die Zwiebelmasse würzen und ebenfalls erkalten lassen.

Fertigstellen

- Den Teig etwa 4 mm dick auswallen. Die Hälfte der gut abgetropften Wirzblätter und die Hälfte der Zwiebelmasse auf die Mitte geben.
- Die Wurst darauflegen und mit den restlichen Zwiebeln sowie den Wirzblättern zudecken.
- Alles sorgfältig im Teig einpacken und mit dem verklopften Ei befestigen.
- Die eingepackte Saucisson beliebig garnieren, die Oberfläche mit Ei bestreichen und mit einer Gabel einstechen.
- Im vorgeheizten Backofen bei anfangs 200 °C während 40 Minuten goldbraun backen. Die Hitze evtl. nach etwa 20 Minuten auf 180 °C zurückstellen.

Saucisson im Teig mit Marc-Sabayon

Marc-Sabayon
2 Eigelb
½ dl Weisswein
2 Esslöffel Marc
1 Esslöffel Sultaninen, in Marc eingelegt
4 Esslöffel Rahm, steifgeschlagen
Salz, Pfeffer aus der Mühle

Marc-Sabayon
- Die Eigelb mit Weisswein und Marc in einer feuerfesten Schüssel im Wasserbad oder für Geübte direkt in einer Pfanne zu einem festen, luftigen Schaum schwingen.
- Die eingelegten Sultaninen und den Schlagrahm darunterziehen, das Sabayon würzen und abschmecken.

Anmerkung

- Statt des angegebenen Mürbeteigs kann man auch 500 g Kuchenteig oder evtl. Brotteig verwenden.

Waadtländer Weinkuchen

Für ein Kuchenblech von 24 cm Durchmesser

Geriebener Teig
250 g Mehl
125 g Butter
4 g Salz
½ dl Wasser
1 Ei

Füllung
6 Esslöffel Zucker
½ Teelöffel Zimt
1 Esslöffel Maizena
2½ dl Waadtländer Weiss- oder Rotwein
40 g Butterflocken

Vorbereiten

Teig
- Mehl, Butter und Salz fein reiben.
- Wasser und Ei verklopfen und dazugeben. Alles rasch zu einer glatten Teigkugel verarbeiten.
- Den Teig in Klarsichtfolie einpacken und eine Stunde im Kühlschrank ruhen lassen.

Fertigstellen

- Den Teig dünn auswallen und das bebutterte Blech damit auslegen.
- Den Boden mit einer Gabel gut einstechen.
- Zucker, Zimt und Maizena mischen und auf den Teigboden streuen.
- Den Wein dazugiessen und einige Butterflocken daraufstreuen.
- Den Weinkuchen im vorgeheizten Backofen bei 200 °C während ca. 30 Minuten backen. Achtung: Den Backvorgang überwachen und falls der Kuchen Blasen wirft, diese einstechen.

Variante

- Zusätzlich Sultaninen auf den Kuchenboden streuen.

Zanderflan an Traubensauce

Für 4 Personen

Zanderflan
250 g Zanderfilet
1 Eiweiss
Salz
weisser Pfeffer aus der Mühle
1 Spur Cayennepfeffer
1 Spur Muskat
2 dl Doppelrahm

4 kleine Auflaufförmchen
Butter für die Förmchen

Sauce
2 dl Weisswein
100 g Traubenbeeren
1 dl Rahm
4 Teelöffel Maizena
4 Butterflocken
1 Prise Zucker
Salz, Pfeffer aus der Mühle

Vorbereiten

- Das Zanderfilet in Würfel schneiden und kurz im Tiefkühler anfrieren.
- Die Fischwürfel im Cutter (Moulinette) mit dem Eiweiss fein mixen. Die Fischfarce leicht würzen und langsam den Rahm dazurühren.
- Die Masse nach Bedarf durch ein Haarsieb streichen und kalt stellen.
- Die Auflaufförmchen mit Butter ausstreichen, die Zandermousse hineinfüllen und festklopfen, damit die Luft entweicht.

Fertigstellen

- Die Förmchen in ein heisses Wasserbad stellen und im vorgeheizten Backofen bei 200 °C während 20 Minuten garen.
- Herausnehmen und noch 6 Minuten im Wasser ruhen lassen.

Sauce

- Den Weisswein um die Hälfte einkochen.
- Die Traubenbeeren wenn möglich schälen und die Kerne herauslösen.
- Den Rahm in den Wein schwingen, mit wenig Maizena binden und die Butterflocken dazurühren.
- Mit einer Prise Zucker und mit Salz und Pfeffer würzen.
- Zuletzt die Trauben in die fertig abgeschmeckte Sauce geben.

Anrichten

- Den Fischflan stürzen und mit der Sauce anrichten.

Genfer Weinsuppe mit Beeren und Schwänli

Für 4 Personen

Weinsuppe
4 dl Genfer Weisswein
120 g Zucker
abgeriebene Schale von
1 Orange
abgeriebene Schale von
1 Zitrone
½ Vanillestengel, aufgeschnitten
3 Blatt Gelatine

Einlage
4 Portionen verschiedene
Beeren oder
4 Portionen Saisonfrüchte

Garnitur
4—8 Rahm-Schwänli
(Rezept s. Seite 124)

Vorbereiten

Weinsuppe
- Wein, Zucker, abgeriebene Orangen- und Zitronenschalen sowie aufgeschnittenen Vanillestengel aufkochen. Vom Herd nehmen.
- Die Gelatineblätter im kalten Wasser etwa 5 Minuten einweichen, etwas ausdrücken und im heissen Weinsud auflösen.
- Die Flüssigkeit durch ein feines Sieb giessen und erkalten lassen.
- Bis zum Servieren in den Kühlschrank stellen.

Einlage
- Die Beeren verlesen und nach Bedarf überbrausen oder die Früchte in Schnitze, Scheiben oder Würfel schneiden.

Fertigstellen

- Die Weinsuppe mit den Beeren anrichten und mit den Rahm-Schwänli garnieren.

Rahm-Schwänli

Für 20–25 Schwänli

Brandteig
1½ dl Wasser
1½ dl Milch
100 g Butter
1 Prise Salz
140 g Mehl
3–4 Eier, je nach Grösse

Füllung
2 dl Rahm, steifgeschlagen
Puderzucker

Vorbereiten

Brandteig
- Wasser, Milch, Butter und Salz aufkochen.
- Alles Mehl im Sturz in die heisse Flüssigkeit geben und mit der Holzkelle rühren, bis sich der Teig vom Pfannenboden löst und glatt ist.
- Die Pfanne vom Herd nehmen und ein Ei nach dem andern unter den Teig arbeiten.
- Den Brandteig kalt stellen.

Fertigstellen

Herstellen und Backen der Teigformen
- Etwas Teig in den Spritzsack mit einem glatten, runden Locheinsatz geben.
- Direkt auf ein Backpapier 20–25 «S» formen und im Backofen bei 200 °C goldgelb backen.
- Den Einsatz im Spritzsack wechseln und mit einem sternförmigen Einsatz 20–25 vier Zentimeter grosse, ovale Häufchen auf das Backpapier dressieren (nicht zu nahe beieinander).
- Bei 200 °C in der Mitte des Backofens während etwa 20 Minuten goldgelb backen. Auf einem Kuchengitter erkalten lassen.

Füllen und Formen der Schwänli
- Von den ovalen Häufchen ein Deckelchen wegschneiden und dieses in der Mitte halbieren. So erhält man den unteren Teil des Körpers und die beiden Flügel der Schwänchen.
- Mit dem Spritzsack steifgeschlagenen Rahm auf die Teigböden dressieren und je ein «S» hineinstecken. Auf beiden Seiten die Flügel (Deckelchen) anfügen und mit Puderzucker bestäuben.

Varianten

- Aus diesem Teig können auch Eclairs oder grössere Ofenküchlein geformt und gebacken werden. Mit Cremen, Beeren, Rahm usw. füllen und servieren.

Südschweiz

Wallis Walliser Spargeln im Blätterteig *126*

Aprikosen-Charlotte *128*

Tessin Brotkuchen mit Tomaten *130*

Pilzragout mit Polenta *132*

Kürbiswähe *134*

Kastanien-Cake *135*

Walliser Spargeln im Blätterteig

Für 4 Personen

150–200 g Blätterteig
1 verklopftes Ei
24–32 weisse Spargeln
20 g Butter
Salz
Zucker

Sauce

2 dl abgesiebter Spargelsud
Spargelenden
1 dl Rahm
Muskat
Cayennepfeffer
Zitronensaft

Garnitur

Walliser Trockenfleisch
Kerbelblättchen oder
Schnittlauch

Zubereitung

Blätterteigkissen
- Den Blätterteig auf einer gut bemehlten Fläche etwa 4 mm dick auswallen.
- Den Teigrand geradeschneiden und vier Rechtecke von 10 x 12 cm ausschneiden.
- Die Teigrechtecke sorgfältig auf ein bebuttertes Blech legen. Auf der Oberfläche mit einem scharfen Messer ein Rankenmuster einritzen und kalt stellen.
- Die Teigrechtecke mit einem verklopften Ei bestreichen, dabei aber darauf achten, dass kein Ei über den Rand läuft, sonst geht der Teig nicht schön auf.
- In der Mitte des vorgeheizten Backofens bei ca. 200 °C etwa 20 Minuten goldgelb backen.

Spargeln
- Die Spargeln waschen und grosszügig schälen.
- Die Schalen in eine weite Pfanne geben, Wasser, Butter, Salz und Zucker beifügen und aufkochen.
- Die geschälten Spargeln darauflegen und zugedeckt bei schwacher Hitze weich kochen.
- Die Spargeln auf ein Brett legen und etwa 12 cm lange Spitzen wegschneiden.

Sauce
- 2 dl des Spargelsuds in ein Mixglas sieben, die abgeschnittenen Spargelenden beigeben und fein mixen.
- Die Spargelspitzen wieder auf die Schalen in der Pfanne legen und zugedeckt warm stellen.
- Die Sauce durch ein Sieb in eine Pfanne streichen. Evtl. etwas einkochen, den halb geschlagenen Rahm beigeben und vorsichtig würzen.

Anrichten
- Die goldgelb gebackenen Teigkissen quer durchschneiden und die untere Hälfte je auf einen warmen Teller legen.
- Die Spargelspitzen auf den Teigboden legen, die Sauce darüberträufeln, dann den Teigdeckel aufsetzen.
- Mit feinen Trockenfleischtranchen und gezupften Kerbelblättchen oder geschnittenem Schnittlauch servieren.

Aprikosen-Charlotte

Für 4 kleine Souffléförmchen

Aprikosenkompott
500 g Aprikosen
2 ½ — 3 dl Wasser
100 g Zucker
½ Vanillestengel, aufgeschnitten
einige Tropfen Zitronensaft

Aprikosen-Charlotte
2 Eier
50 g Zucker
150 g Aprikosenkompott
4 Esslöffel Kompottsirup
evtl. 2 Esslöffel Aprikosenlikör
8 Toastbrotscheiben
50 g Butter
Zucker

Aprikosensauce
gekochtes Aprikosenkompott

Garnitur
Aprikosenschnitze
Pfefferminzzweige
Puderzucker

Vorbereiten

Aprikosenkompott
- Die Aprikosen waschen, halbieren und entsteinen.
- Wasser, Zucker und den aufgeschnittenen Vanillestengel mit einigen Tropfen Zitronensaft aufkochen.
- Die halbierten Aprikosen lagenweise in den Sirup legen und bei schwacher Hitze so lange kochen, bis sich die Haut löst.

Aprikosen-Charlotte
- Die Eier mit dem Zucker verklopfen.
- 150 g des Kompotts in Würfel schneiden, mit 4 Esslöffel Sirup zur Eimasse geben und mischen. Nach Belieben Likör zufügen.
- Die Brotscheiben auf Souffléförmchengrösse ausstechen und auf einer Seite mit Butter bestreichen.
- Je eine Scheibe in die Förmchen legen (Butter unten). Die Eimasse darüber verteilen.
- Die restlichen 4 Brotscheiben mit der bebutterten Seite in den Zucker tauchen und mit der gezuckerten Seite nach oben auf die Eimasse legen.
- Die Förmchen in ein heisses Wasserbad stellen und im vorgeheizten Backofen bei 200 °C etwa 25 Minuten backen.

Fertigstellen

- Die andere Hälfte des Aprikosenkompotts mit etwas Fruchtsaft fein mixen.
- Je 2—3 Esslöffel Aprikosensauce auf flache Teller verteilen.
- Je eine Aprikosencharlotte darauf stürzen und mit Aprikosenschnitzen garnieren.
- Mit Pfefferminzblättern sowie Puderzucker bestreut servieren.

Variante

- Es eignen sich natürlich auch andere Saisonfrüchte, wie Zwetschgen, Pfirsiche, Kirschen usw.
- Statt in kleinen Souffléförmchen alles in eine Auflaufform geben und ohne Wasserbad im Ofen backen.

Brotkuchen mit Tomaten

Für ein rechteckiges Backblech

Teig
500 g Mehl
30 g Hefe
3 dl lauwarmes Wasser
Salz
2 Esslöffel Öl, evtl. Olivenöl
knapp ½ dl Milch

Öl für das Blech

Belag
1 Bund Basilikum
4 Esslöffel Olivenöl
8 Tomaten
Salz, Pfeffer aus der Mühle
evtl. geriebener Käse

Vorbereiten

Teig
- Das Mehl in eine Schüssel sieben.
- Die Hefe mit lauwarmem Wasser mischen und warten, bis sie sich aufgelöst hat, gut umrühren und zum Mehl geben.
- Salz, Olivenöl und die Milch zufügen.
- Den Teig kneten, bis er fein und elastisch ist, dann mit einem feuchten Tuch zudecken und aufgehen lassen.
- Das Backblech mit Öl bestreichen und den aufgegangenen Teig hineinlegen. Mit wenig Mehl bestäuben und direkt im Blech etwa 2 cm dick auswallen.

Fertigstellen

- Das Basilikum in feine Streifen schneiden, auf den Teig streuen und etwas Olivenöl darüberträufeln.
- Die Tomaten in 1 cm dicke Scheiben schneiden und auf den Teig legen.
- Mit Salz und Pfeffer würzen und den Tomaten-Brot-Kuchen nach Belieben mit Käse bestreuen.
- Den Backofen auf 250 °C vorheizen. Den Tomaten-Brot-Kuchen hineingeben und bei maximaler Hitze etwa 12–15 Minuten backen.
- Noch heiss mit Salat servieren.

Anmerkung

- Das Backblech muss nicht ganz mit Teig ausgefüllt sein.

TESSIN

Pilzragout mit Polenta

Für 4 Personen

Polenta
3 dl Wasser
3 dl Milch
Salz
40 g Butter
1 Prise Muskat
150 g Mais, fein
1 Ei
1 Esslöffel Reibkäse

Butter zum Braten

Pilzragout
300—400 g verschiedene Waldpilze
50 g Butter
1 Teelöffel Mehl
Salz, Pfeffer aus der Mühle
1 Schalotte, in feine Würfel geschnitten
evtl. 1 feingehackte Knoblauchzehe
30 g Butter
1 dl Weisswein
½ dl Doppelrahm
2 Esslöffel gehackte Kräuter, wie Petersilie, Kerbel, Basilikum
1 Esslöffel Schnittlauch, feingeschnitten
wenig Zitronensaft
1 Prise Cayennepfeffer

Vorbereiten

Polenta
- Wasser, Milch, Salz, Butter und Muskat zum Kochen bringen.
- Den Mais langsam einrühren.
- Die Pfanne zudecken und den Mais auf kleinster Hitze zu einem dicken Brei kochen. Hin und wieder umrühren, damit die Polenta nicht am Pfannenboden kleben bleibt.
- Die Polenta vom Herd nehmen und das Ei und den Käse dazumischen.
- Ein Kuchenblech oder eine flache Platte kalt ausspülen, den Maisbrei hineingeben und mit einem nassen Spachtel etwa 2—3 cm dick ausstreichen.
- Eine Klarsichtfolie darauflegen und erkalten lassen.
- Die Polenta pilzförmig ausschneiden.

Pilzragout
- Die Pilze putzen und evtl. waschen. Grosse Pilze in Scheiben schneiden.
- Die Hälfte der Butter schmelzen. Die Pilze mit Mehl bestäuben, mischen und lagenweise kurz und sehr heiss anbraten.
- Mit Salz und Pfeffer würzen und aus der Pfanne nehmen. So weiterfahren, bis alle Pilze angebraten sind.
- Die Schalotte und den Knoblauch in 30 g Butter andämpfen, mit Weisswein ablöschen und etwas einkochen.
- Die Pilze wieder in die Pfanne geben, den Rahm und die Kräuter beifügen und kurz wärmen.
- Mit Zitronensaft, Cayennepfeffer und Salz würzen und abschmecken.

Fertigstellen

Polenta
- Die Polenta-Pilze beidseitig in Butter braten und mit dem heissen Pilzragout anrichten.

Varianten

- Das Pilzragout kann auch auf Toast, in Blätterteigpastetchen oder mit frisch gekochten Nudeln serviert werden.
- Die Polenta ergibt, mit Käse überbacken und zusammen mit einem Salat, ein feines Nachtessen.

TESSIN

Kürbiswähe

Für ein Kuchenblech von 24 – 26 cm Durchmesser

300 g geriebener Teig
(Rezept s. Seite 119)
Butter für das Blech

Füllung
500 g Kürbis
20 g Butter
1 gehackte Zwiebel
Salz, Pfeffer aus der Mühle
80 g Speckwürfelchen

Guss
1 Esslöffel Mehl
2 Eier
1 dl Milch
1 dl Rahm
1 Spur Muskat
Salz, Pfeffer aus der Mühle

Zubereitung
- Den Teig auswallen und auf das bebutterte Blech legen. Den Boden mit einer Gabel einstechen. Das Blech kalt stellen.

Füllung
- Den Kürbis schälen, die Kerne wegschneiden, dann in feine Scheiben schneiden.
- Die Butter schmelzen, den feingeschnittenen Kürbis und die gehackte Zwiebel beigeben und andämpfen. Das Gemüse leicht würzen und erkalten lassen.
- Die Speckwürfelchen in einer Pfanne braten, bis das Fett ausläuft, dann auf Küchenpapier abtropfen.

Guss
- Alle Zutaten des Gusses verklopfen. Den angedämpften Kürbis und die Speckwürfelchen beigeben und mischen.
- Den Guss auf den Teig verteilen und im vorgeheizten Backofen bei 200 °C während ca. 30 Minuten backen.

Kastanien-Cake

Für eine Terrine von 800 g Inhalt

wenig Öl für die Terrinenform
150 g Butter, zimmerwarm
150 g Puderzucker
2—4 Esslöffel Kakao (bitter)
2 Packungen Kastanienpüree (400—500 g)
6—8 Makrönli, weich
3—4 Esslöffel Kirsch
3—4 Esslöffel Orangenlikör oder Rum

Vorbereiten

- Die Terrinenform mit Alufolie auslegen und diese mit wenig Öl bestreichen.
- Die weiche Butter schaumig rühren, Puderzucker und Kakao beigeben und weiterrühren, bis die Butter sehr luftig ist.
- Das Kastanienpüree beigeben und noch kurze Zeit mitschwingen.
- Alle Rundungen von den Makrönli wegschneiden und die Abschnitte grob hacken.

Einfüllen

- Die Hälfte der Kastanienmasse in die Form verteilen.
- Die zurechtgeschnittenen Makrönli im Kirsch und Orangenlikör wenden und nebeneinander auf die Masse legen. Nach Belieben nochmals etwas Alkohol darüberträufeln.
- Die restliche Kastanienmasse in die Form geben, glattstreichen und die gehackten Makrönli darüberstreuen.
- Die Form zudecken und kalt stellen.

Anrichten

- Den Kastanien-Cake stürzen und in Scheiben schneiden. Mit Schlagrahm oder einem Sabayon servieren.

TESSIN

Gemeinsam kochen. Gemeinsam feiern.
In der fröhlichsten Kochschule auf dem Friedlisberg:
Geburtstagsparty, Klassenzusammenkunft,
Jubiläum, Geschäftsausflug, Clubanlass –
abwechslungsreiches Kochkursprogramm
für Sie und Ihre Freunde.
Irene Dörig freut sich auf Ihren Anruf.

Irene's Cuisine

Irene's Cuisine, Friedlisbergstrasse 239, 8964 Friedlisberg, 053 317 43 1